潍坊科技学院人才专项（SKRC2018002）资助成果

中国城乡二元结构转型与农村自生发展能力培育问题研究

RESEARCH ON THE TRANSFORMATION OF URBAN-RURAL DUAL
STRUCTURE AND THE CULTIVATION OF RURAL VIABILITY IN CHINA

徐世江　著

中国农业出版社
农村读物出版社
北　京

图书在版编目（CIP）数据

中国城乡二元结构转型与农村自生发展能力培育问题研究 / 徐世江著. —北京：中国农业出版社，2022.7
ISBN 978-7-109-29730-2

Ⅰ.①中⋯ Ⅱ.①徐⋯ Ⅲ.①中国经济－二元经济－研究②农村经济发展－研究－中国 Ⅳ.①F121②F32

中国版本图书馆 CIP 数据核字（2022）第 129555 号

中国城乡二元结构转型与农村自生发展能力培育问题研究
ZHONGGUO CHENGXIANG ERYUAN JIEGOU ZHUANXING YU
NONGCUN ZISHENG FAZHAN NENGLI PEIYU WENTI YANJIU

中国农业出版社出版
地址：北京市朝阳区麦子店街 18 号楼
邮编：100125
责任编辑：赵　刚
版式设计：杜　然　责任校对：吴丽婷
印刷：北京中兴印刷有限公司
版次：2022 年 7 月第 1 版
印次：2022 年 7 月北京第 1 次印刷
发行：新华书店北京发行所
开本：720mm×960mm　1/16
印张：12
字数：210 千字
定价：68.00 元

潍坊科技学院人才专项

"乡村振兴视域下农村自生发展能力培育问题研究"

（SKRC2018002）资助成果

前 言
—— FOREWORD

作为世界上最大的发展中国家，新中国经济社会发展之所以能够取得举世瞩目的成就，与农业农村的长期支持和哺育密不可分。从城乡两大区域系统在国家现代化建设中的历史关系看，改革开放以来，城镇化建设长期保持着国家经济社会发展的"主战场"地位，城市偏向性政策体系和市场力量的共同推动，使得城镇空间实现了由小向大、从弱到强的巨大转变。相比之下，尽管自1978以来农村发展获得了前所未有的广泛自主权，但是在城乡二元结构艰难转型的总体格局下，其发展的相对滞后性却日益突出，传统"三农"问题和新"三农"问题相互交织，导致不平衡不充分发展的农村已经成为社会主义现代化强国建设的"短板"，着力推进"三农"现代化的历史任务已经不容推延。

然而，在"三农"现代化着力点选择这一根本问题上，即便在学术领域仍然存在多元观点，地方的实践探索自然难免出现偏误。有鉴于此，本书试图在现有学术成果的启发下，从农村现代化的客观所需入手，将城乡二元结构转型理解为农村发展的外部影响变量，将农村自生发展能力理解为农村发展的内部决定变量，系统考察农村滞后发展的外因、内因和对策建议，以期完成对既有研究成果的创新性整合。全书主要内容如下：

第一，对本书两大核心概念（城乡二元结构和农村自生发展能力）所涉及的现有理论成果进行细致梳理和综合评价，探讨城乡二元结构理论和自生发展能力理论在分析农村空间发展领域的逻辑契合点。

第二，提出农村自生发展能力的基本概念，并进一步对其内涵、主要特征、动力机制、测度与评价方法进行系统解读，从而构建一个高度简明且具有较强历史解释力、现实评价力和未来预测力的"三农"问题分析框架。

第三，系统考察我国城乡二元结构的形成原因和演变历程，全面总结每一个阶段的基本特点，揭示我国城乡二元结构迥异于其他发展中国家城乡二元结构的突出特征。在此基础上，详细论证我国城乡二元结构转型的复杂性和艰巨性，以及现实中所表现出的显著滞后性。据此，主要应用规范分析方法，深入探讨其对我国农村自生发展能力演化可能产生的负面冲击。

第四，以改革开放以来的官方数据为基础，主要应用计量经济学方法，探究城乡二元结构转型进程与农村自生发展能力演化过程之间的长期均衡关系和短期动态关系，并借此探究二者之间的内在关联机理以及农村自生发展能力的演化特征，为确保政策建议的针对性和实效性奠定坚实基础。

第五，面向国家现代化的总体趋势，解读农村自生发展能力不足或弱化可能带来的潜在风险，进一步揭示和佐证加快培育农村自生发展能力深远影响，探讨农村自生发展能力培育的基本原则和关键路径，并针对农村自生发展能力下每一项子能力，深入辨析其培育过程中所面临的主要难题，据此提出较具指向性、时效性和可操作性的对策建议。

中国农村自古以来就是一个内含着多元发展价值和巨大发展潜能的地理空间。相信在中央科学部署、地方精准施策、农民自觉努力的共同作用下，农村必将在中国特色社会主义新时代焕发出前所未有的活力，进一步彰显其在现代化强国愿景体系中不可忽视的基础地位。

　　本书是潍坊科技学院人才专项（SKRC2018002）"乡村振兴视域下农村自生发展能力培育问题研究"的成果，从选题、构思、落笔到定稿，前后经历了三年多时间。这一期间，非常庆幸能够得到诸多领导、学术师长、团队同事的鼓励与支持。因此借此书付梓之机，特别向长期给予我鞭策力量的潍坊科技学院副校长张友祥教授以及梁姝娜教授、温莹副教授、我的恩师辽宁大学博士生导师张桂文教授致以深深谢意！

　　本书在写作过程中参阅了大量国内外文献，深切感受到了其中的思想魅力和学术力量，在此向相关作者表示衷心感谢！当然，受本人学术视野和学术能力的限制，书中必然还存在一定疏漏甚至错讹，尚祈学界专家和同仁斧正！

徐世江

2021 年 12 月 15 日

目 录
CONTENTS

第一章

绪　论

第一节　研究背景、研究目的与研究意义

一、研究背景

作为一个农业农村大国，"三农"发展对于新中国现代化愿景的最终实现，具有迥异于绝大多数国家的重大意义。从产业维度看，虽然农业在国民产出中所占比例不断下降是经济发展的基本规律，但农业在国民经济体系中的基础地位却始终无法改变。以"大农业"视角观察，我国40个工业行业中，全部或部分以农产品为生产原料的行业多达12个，离开现代化农业的有效支撑，工业和服务业的现代化进程必然受阻。从空间维度看，单纯的城镇现代化尽管有利于我国第二、三产业的集聚和快速发展，也因此意味着国家独立自主发展能力的增强，但是除非将农村社区全部发展成为城镇空间，否则农村空间长期处于滞后状态，城乡差距持续在高位区间震荡或是不断恶化，迟早会成为国家进一步现代化的束缚，甚至可能会对社会稳定造成严重威胁。正如亨廷顿所言，"现代化带来的一个至关重要的政治后果便是城乡差距。这一差距确实是正经历着迅速的社会和经济变革的国家所具有的一个极为突出的政治特点，是这些国家不安定的主要根源，是阻碍民族融合的一个主要因素（如果不是唯一的主要因素的话）。"[1]

回顾历史，新中国成立70余年来现代化目标与现代化战略的灵活调整，使得我国经济社会发展显示出了明显的阶段性跃升特征，在全世界范围内创造了经济连续高速增长的"中国奇迹"[2]，"世界制造中心"

---

[1]　塞缪尔·P. 亨廷顿. 变化社会中的政治秩序 [M]. 王冠华，刘为，等，译. 上海：上海人民出版社，2008：55.

[2]　林毅夫. 改革开放40年中国经济增长创造世界奇迹 [J]. 智慧中国，2018（10）：6-9.

的地位逐渐凸显①，2006 年与 2019 年人均 GDP 更是先后迈入中等收入国家和中等偏上收入国家行列②③。总之，立足历史方位、审视发展条件、呼应人民所需、锚定发展愿景的顶层设计理念，构成了支撑我国现代化建设道路上理性行动的最关键内核和能够顺畅达成各阶段预期目标的关键原因。

当然，在我国经济社会发展取得一系列辉煌成就的同时，城乡两大空间部门发展不平衡、农村发展不充分、"三农"发展严重滞后问题仍然非常突出，已经成为实现第二个百年目标的显著短板和巨大阻碍，"城乡二元结构没有根本改变，城乡发展差距不断拉大趋势没有根本扭转"④，着力推进"三农"现代化的历史任务已经不容推延。

为此，国家层面迅速在制度供给上进行了全局性创新，以《乡村振兴战略规划（2018—2022 年）》和《中共中央国务院关于建立健全城乡融合发展体制机制和政策体系的意见》为代表的一系列重大决策部署相继密集出台，以期通过乡村振兴战略和城乡融合战略的实施，加快"三农"发展步伐，为农业与非农产业两大部门、乡村与城镇两大空间、农村居民与城镇居民两大群体的协同现代化补齐短板，为国家全面现代化目标的实现积蓄动能、积累条件。

二、有待探讨的理论命题

"三农"现代化显然是一个系统工程，承载着以"产业兴旺、生态宜居、乡风文明、治理有效、生活富裕"为重点、以熨平城乡差距为本质诉求的多元目标，内蕴着一系列值得深入探讨的理论命题，其中至少包括如下三个最为基本的理论命题。

---

① 高锡荣，柯俊．基于能级跃迁的创新转型激发模型［J］．科技进步与对策，2016（3）：7 - 11.

② 国家统计局综合司．从十六大到十七大经济社会发展回顾系列报告之一：大开放　大发展　大跨越［DB/OL］．http://www.stats.gov.cn/ztjc/ztfx/shfzhgxlbg/200709/t20070918_60530.html.

③ 中国新闻网．中国人均国民总收入总体达到中等偏上收入国家水平［OL］．http://www.chinanews.com/cj/2020/08 - 07/9259179.shtml.

④ 习近平．关于《中共中央关于全面深化改革若干重大问题的决定》的说明［J］．求是，2013（22）：19 - 27.

第一，"三农"滞后发展的外部原因何在。配第—克拉克定律表明，一国在经济发展过程中随着平均国民收入的不断提高，三次产业占国民收入的比重以及人均相对收入之间的差距会逐渐扩大，引发劳动力按第一产业→第二产业→第三产业的顺序依次转移。该定律作为一种经验结论，建立在三次产业收入弹性差异和投资报酬差异基础之上，隐含揭示了农业和农村走向衰落的客观趋势，已经得到众多国家的广泛验证。不过，具体到中国的现代化实践，我们有理由追问，中国"三农"发展滞后仅仅是配第—克拉克定律使然，还是另有更为重要的宏观原因？这一问题事实上由于涉及解决"三农"发展困局"循因觅策"和"精准施策"两大关键问题，因而有必要沿历史逻辑与理论逻辑同时切入，对其进行系统化的思考和判断。

第二，"三农"滞后发展的内部原因何在。内因总是区域经济发展的决定力量。从现象层面观察，我国农村已经呈现出比较典型的分化发展特征：一类村庄数量较少，它们在区位条件、资源禀赋等方面本无优势可言，但却因内部动力的有效整合而实现了跃迁式发展；另一类村庄数量较为庞大，它们主要依赖于政府驱动而缓慢发展，有些甚至陷入"产业空心化"、"人口空心化"和"治理空心化"的重重困境之中。那么，两类村庄出现巨大发展反差的原因何在？宏观环境的影响恐怕无法提供令人满意的解释，为此从"解剖"村庄入手，挖掘两类村庄内部发展动能的差异，才能寻找到富于理论价值和实践价值的可置信答案。

第三，"三农"滞后发展的应对策略何在。截至目前，学术界对乡村振兴战略和城乡融合战略的回应性研究非常踊跃，相关的对策建议也极为丰富。但是与此同时，由于研究视角、研究假设、研究对象各异等诸多原因，系统性的应对策略还非常少，甚至有些政策建议之间还存在着显著分歧，比如在乡村振兴的推进策略方面，就存在着乡镇统筹推进、县域统筹推进还是省、市统筹推进的不同思路[①]。由此可见，适当放宽相关理论假设的束缚，以更开阔的兼容性视角，全局性地审视"三农"滞后发展

---

① 王立胜．以县为单位整体推进：乡村振兴战略的方法论［J］．中国浦东干部学院学报，2020（4）：119-126．

问题，冷静面对村庄发展的一般规律和特殊规律，才能从根本上保证应对策略的针对性和实效性，需要学术界对相关研究成果做进一步整合与完善。

三、研究目的

如前所述，"三农"现代化的实践历程，蕴含着大量亟待深入研究的理论命题。本书的研究目的主要有三：其一，化繁为简，整合现代化理论、区域发展理论、可行能力理论、动态能力理论、企业自生能力理论等理论的思想精髓，建构农村"自生发展能力"分析体系，以利于应用统一的概念体系探寻"三农"发展滞后的原因，提高实践应对策略的实效性和可操作性。其二，内外兼顾，在"发展环境—发展要素—发展能力—发展功能—发展实绩"的逻辑框架下，将农村自生发展能力的演进同城乡二元结构转型过程紧密联系起来，系统解读我国"三农"滞后发展特征的引致原因，集中探究农村自生发展能力的生成及强化机制；与此同时，从农村内部发展要素的数量、质量、结构等方面的变化及其对外部发展环境的适应、调节能力入手，剖析农村自生发展能力弱化的内在原因。其三，理论观照现实，以开放的系统观为指导，在梳理借鉴国内外典型经验做法的基础上，遵循农村自生发展能力的形成逻辑，提出以自生能力建构（viability development）为基本目标的专题建议。

四、核心概念①

（一）农村自生发展能力

无数事实表明，特定区域经济社会发展是在其内部能力主导和驱动下实现的。农村地区的经济社会发展仍然遵循这一基本规律，单纯依靠政府力量的外部推动，既不可行，也注定不具可持续性。农村发展问题的长期解决，只能以农村自生发展能力的形成和壮大为必要前提。

在借鉴内生发展理论和各类能力理论相关结论的基础上，本书将农村

---

① 出于逻辑完整考虑，此处只对全书两大核心概念"城乡二元结构"和"农村自生发展能力"进行概要介绍，后续章节将会对这两个概念以及二者之间的动态关系进行系统分析。

自生发展能力界定如下：所谓农村自生发展能力（rural viability），是指农村部门在无需政府超强度支持的条件下，主要依托内部产业、组织（正式组织与非正式组织）和制度（正式制度与非正式制度）等发展要素的合力，就能够主动适应外部发展环境变化，逐步完善自身预期功能，实现与城镇空间协同发展甚至可竞争发展的能力[①]。

（二）城乡二元结构

受二元经济理论的影响，学术界一般将城乡二元结构（urban-rural dual structure）理解和界定为二元经济结构（dual economic structure），系指城市现代工业部门与农村传统农业部门并存的经济结构[②]。然而，受新中国成立初期国家现代化战略选择的影响，我国的城乡二元结构在内涵和外延上，同二元经济理论中的界定和大多数发展中国家现实特征相比，具有显著的特殊性。

具体来说，从形态方面来看，我国的城乡二元结构，既不是单纯的二元经济结构，也不是单纯的二元社会结构（dual society structure），而是二元经济结构和二元社会结构相互交织、相互影响的"双重二元结构"。正是这种双重二元结构的刚性特征，决定了农村自生发展能力建构与强化的艰巨性。

五、研究意义

（一）学术意义

中国特色社会主义政治经济学的一个重要使命就是破解我国社会主义现代化进程中的重大现实难题。自党的十九大以来，面对社会主要矛盾的变化，围绕"三农"现代化这一崭新的研究主题，人文社会科学领域的专家学者迅速开展了大量研究，提出了很多真知灼见，但相关文献也表现出了分析主题宽泛化、分析视角零散化、分析过程主观化、政策建议碎片化等特点，基于特定理论框架、围绕特定专题而开展的细致性研究则明显不足，以农村"自生发展能力"为统一视角、且有效汲取与涵盖多领域、多

① 徐世江. 空心村滞后发展的自强化机制及其破解路径——自生发展能力视角的解读 [J]. 农业经济，2021（3）：34 - 36.

② 张桂文. 中国二元经济结构转换的政治经济学分析 [M]. 北京：经济科学出版社，2011：1.

学科学术营养的专题性研究成果更是少见。本书将以建构农村自生发展能力研究框架为前置任务，从农村自生发展能力的内涵解构、动力机制、测度与评价思路等方面入手，集中揭示社会主义市场经济条件下农村发展所需满足的基本条件。同时，本书将以我国农村自生发展能力的动态演化过程为线索，着力剖析"三农"发展不充分与城乡二元结构转型滞后现象之间的内在联系，客观追溯农村滞后发展的本源，并据此提出加快培育农村自生发展能力的可行路径与具体的政策建议，有利于避免相关对策建议零散化、碎片化的不足。总之，本书成果预期可以在"三农"现代化研究领域为学术界提供一个较新的，且具有一般性特征的研究框架，同时也可以为后续研究提供必要的基础资料。

（二）实践意义

农业农村始终是我国经济社会稳定发展的"压舱石"和"稳定器"，农民始终是我国经济建设的重要主力军。自城乡二元经济社会制度体系形成以来，农业、农村和农民对我国经济独立、工业化和城镇化发展做出了不可磨灭的贡献，但也为此承受了城乡经济与社会双重二元结构所带来的巨大压力，作出了巨大牺牲。近年来，随着我国国力的不断增强，农业农村优先发展、工农城乡协同发展的基本条件已经具备，"三农"发展已经到了必须加快推进的历史节点。在这一历史背景下，乡村振兴战略应运而生，五级书记抓乡村振兴的工作机制正在全面落实，乡村振兴行动在全国各地均呈如火如荼之势。然而，乡村振兴目标达成的速度和成效，与实践努力程度之间并不总是成同向变动关系，地方政府的实践创新也可能存在与预期目标之间的偏误，甚至引发"事与愿违"的不利后果。鉴于此，本书立足中国国情、反映一般实践规律的相关对策建议，可以为地方决策部门在优化制度安排、提高实践创新成效方面提供一定的理论参考和决策依据。

第二节　研究框架与研究方法

一、研究思路与主要内容

（一）研究思路

以基本理论和前沿文献为基础，观照我国经济社会发展现实，梳理农村自生发展能力变化对乡村振兴的客观影响，总结和揭示农村自生发展能力演化与城乡二元结构转型的内在联系，探寻绝大多数农村自生发展能力弱化的内因与外因，在借鉴国内外基本经验的同时，挖掘增进我国农村自生发展能力的对策建议，为全面实现乡村振兴和社会主义现代化强国奋斗目标提供理论助力（图 1-1）。

（二）主要内容

本书研究主题是城乡二元结构转型与农村自生发展能力培育问题，由此决定了本书的基本逻辑线索在于将农村自生发展能力问题置于城乡二元结构转型的时空背景之下，重点考察二者的交互影响，特别是剖析农村自生发展能力的演化特点，总结近年来农村自生发展能力提升所面临的障碍，并据此提出较具针对性和实效性的对策建议。

根据上述研究线索，除本章外，本书主要安排了如下三部分内容：

第一部分由第二章构成，对城乡二元结构转型与农村自生发展能力研究涉及的核心概念、国内外基础理论和前沿文献进行系统梳理，为后续研究提供理论推演的依据和基础。

第二部分由第三章至第六章构成，分别对农村自生发展能力的分析框架，新中国城乡二元结构的形成、变迁及其对我国经济社会发展的影响，城乡二元结构转型与农村自生发展能力演化的内在关系等三部分内容进行深入的理论探讨和实证解读。

第三部分包括第七章至第十一章内容，从农村自生发展能力的内在结构出发，详细探讨我国农村自生发展能力培育的基本原则和主要路径，并在研判农村自生发展能力系统下每项子能力培育的主要难题的基础上，提出较具可操作性的应对策略，完成本书的核心任务。

二、主要研究方法

（一）以马克思主义唯物辩证法为方法论总纲

马克思主义唯物辩证法是马克思主义政治经济学研究的基本方法，对于揭示经济社会活动的本质与规律具有重要指导意义。本书坚持在具体分析和抽象分析、历史分析和现实分析中，发现农村自生发展能力演化与城乡二元结构转型之间的辩证关系和矛盾运动规律，并据此梳理农村自生发

研究思路	研究内容	研究方法

基础理论与前沿文献梳理　　社会主义现代化强化目标

理论出发点与理论意义　　现实出发点与实践意义

中国城乡二元结构转型与农村自生发展能力培育问题研究

核心概念　　基础理论与文献综述

提出问题

城乡二元经济结构　城乡二元社会结构　三农发展　农村自生发展能力　城乡二元结构理论　国家现代化理论　可持续发展理论　能力理论

文献分析　历史分析　现实分析

农村自生发展能力的研究框架

新中国城乡二元结构形成、变迁及其对经济社会发展的影响

分析问题

农村自生发展能力生成与演化的内在机理及特征

城乡二元结构转型对农村自生发展能力演化的影响

规范分析　实证分析

解决问题

农村自生发展能力培育的原则、路径与对策

现实分析　逻辑推理

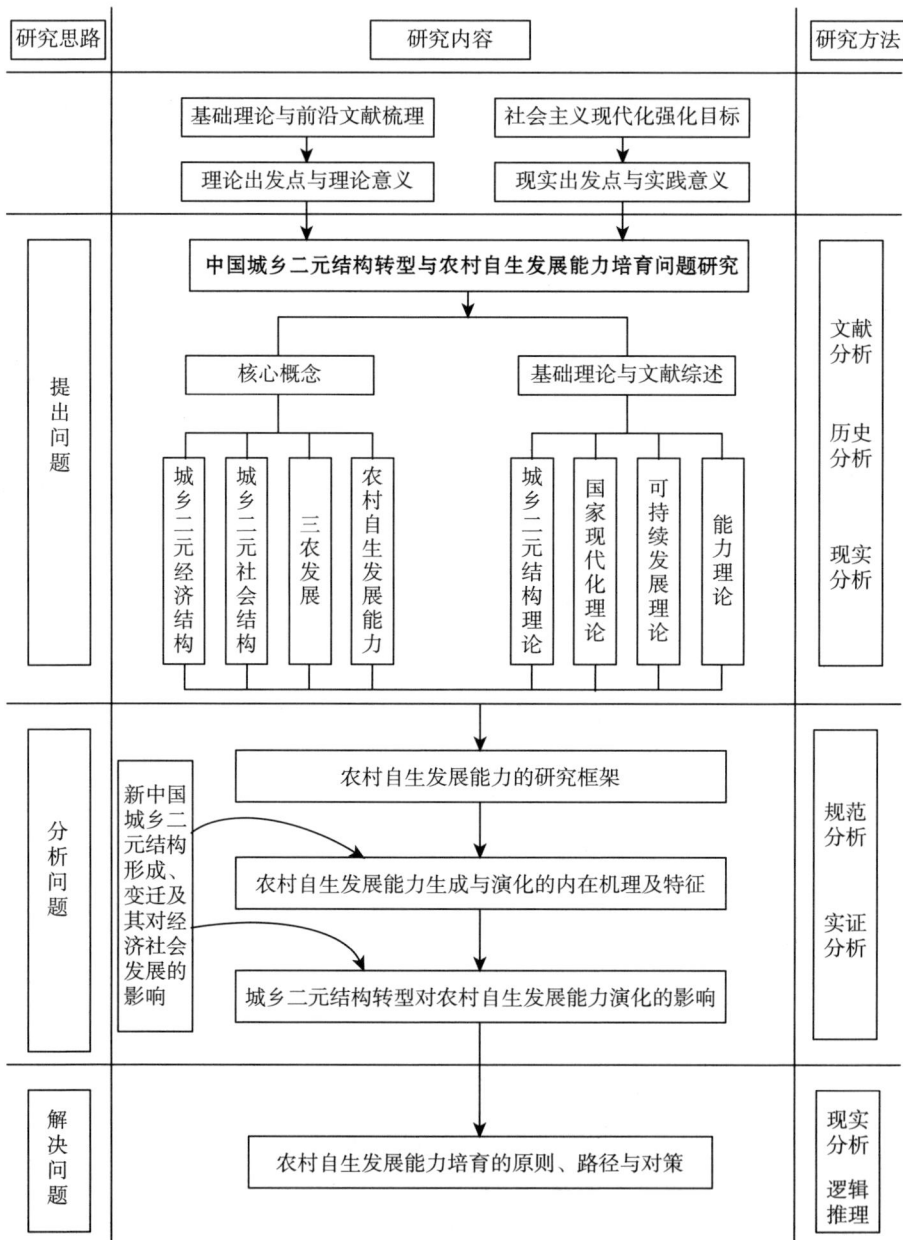

图 1-1　本书研究技术路线

展能力培育难题的生成逻辑。

（二）以文献综合和经验考察相结合的方法挖掘研究命题

面向社会主义现代化强国的未来愿景，以国家发展目标与当前客观现实之间的矛盾为立足点，考察和提炼本书研究命题，并基于发展经济学、制度经济学、区域经济学、国家现代化理论、能力理论等多领域经典理论和前沿文献的综合，判断本书研究命题的理论价值与实践价值，力求二者实现有机统一。

（三）以规范分析和实证分析相结合的方法分析研究命题

无论是社会主义现代化强国战略还是乡村振兴战略，其推进过程都是国家发展愿景驱动下的宏大实践过程，其实践成效的高低，既离不开基本价值判断的引领，也离不开对于经济社会发展规律的认知支持。本书在灵活开展规范性分析的同时，注重采用必要的数理实证方法和经验实证方法，以此确保研究过程的科学性、研究结论的可靠性以及对策措施的实效性。

三、主要创新点

（一）研究视角创新

截至目前，国内学者基于众多研究视角阐述了农村空间滞后发展的表现、成因及对策问题，形成了浩繁的理论成果。但是经细致梳理发现，现有成果中对于农村滞后发展的成因分析，仍以直接原因分析为主，难以保证相关政策建议的长期有效性。本书就此进行了大胆改变，以城乡二元结构转型为主视角（理论视角），以国家现代化目标的阶段性调整和宏观发展战略的调整为辅助视角（现实视角），详细探讨农村滞后发展的深层次原因为核心任务，可以在相当大程度上避免由研究视角单一化所引发的相关研究结论的片面性和政策建议的散碎性。

（二）研究内容创新

从经济学角度看，"能力"是个人、组织、产业、区域或国家在经济社会演进过程中实现持续发展或动态发展的核心动力。截至目前，学术界已经在上述领域投入了大量研究精力，形成了个人能力理论、企业能力理论、产业能力理论、区域能力理论、国家能力理论等一系列经典理论，这些理论被广泛应用于社会实践，发挥了显著的指导作用。近年来国内关于西部地区、民族地区、集中连片贫困地区自生发展能力的研究尤其如此。但是在乡村振兴已经成为社会主义现代化强国目标体系中至关重要的组成部分的现实背景下，对于农村地区自生发展能力问题的研究成果却非常罕见，本书则在该方面寻求突破，围绕农村自生发展能力的基本内涵、演化的动力与规律、生成与强化所面临的难题、培育的对策等问题开展深入而系统的研究。

（三）相关理论的综合创新

从理论角度看，刘易斯模型一直被视为落后经济体实现现代化转型的核心理论依据，但是不容否认的是，该模型严苛的理论假设与发展中国家的经济社会现实存在巨大差异，绝大多数发展中国家所存在的二元结构，并非单纯的二元经济结构，而是二元经济结构和二元社会结构相互交织的双重二元结构。这种情况下，如果完全照搬刘易斯模型的基本结论，单独或偏重于追求经济层面的一元化转型，那么在极化效应的驱动下，城镇和农村两大空间体系之间的二元社会结构极有可能被进一步强化，后者的现代化进程也将因此而变得愈加艰难，并且演化为国土空间整体现代化的瓶颈或拖累。鉴于此，本书将二元经济理论同其他适用理论进行有效整合，并通过这种创新性整合提高其自身的现实解释力和未来预测力，为理论本身的升华做出一定的贡献。

第二章

国内外研究综述

第一节　自生发展能力相关研究综述

一、国外代表性成果

自亚当·斯密在其分工理论中提出个人劳动能力思想以来，"能力"问题开始进入经济学理论研究视野，各类发展能力理论相继出现，自生发展能力研究在此过程中逐渐成为学术界广泛关注的重要命题。从发展主体的差异出发，我们可以将自生发展能力划分为个人（或家庭）自生发展能力、企业（或组织）自生发展能力、区域（或国家）自生发展能力等。

（一）个人发展能力研究

对于社会个体发展能力的观察和思考，在哲学和经济学领域由来已久，可以追溯到以亚里士多德为代表的选择自由学说、亚当·斯密的分工学说、马克思和恩格斯的劳动能力理论以及阿玛蒂亚·森的可行能力理论等。

亚里士多德认为，人的功能由其获得幸福生活的能力所构成，这种获得幸福生活的能力，在人生一系列的选择过程中得以体现，选择自由度的水平就决定了这种能力的高低。"首先，选择绝不是对于不可能的东西，其次，人们只选择通过自己的活动可以得到的东西，第三，选择更多的是相对于手段。"[①] 亚当·斯密（Adam Smith）认为，分工的发展有利于劳动者专门从事同一工作，可以大大提高劳动熟练程度，因而有利于提高以劳动生产力为外在表现的内在生产能力。与此同时，亚当·斯密在其社会资本分析过程中，进一步将劳动者的"有用才能"归结为固定资本，并指出这种资本的特性在于通过学习之后可以"固定在学习者的身上"，而此

---

① 亚里士多德. 尼各马可伦理学 ［M］. 廖申白，译. 北京：商务印书馆，2003：65.

前为获得这种才能而发生的费用，"可以得到偿还，赚取利润"①②。

相较于亚当·斯密的个人发展能力思想而言，马克思和恩格斯在其合作完成的《神圣家族》《德意志意识形态》《共产党宣言》等三部文献中，首次在人的全面自由发展的框架下，系统提出了个人发展能力理论。按照马克思和恩格斯的观点，"每个人的自由发展是一切人自由发展的前提"③。具体来说，人的自由全面发展可分解为四个方面：其一是人的需要和能力的全面发展；其二是人的活动的全面发展；其三是人的社会关系的全面发展；其四是人的素质和个性的全面发展④。在此基础上，马克思和恩格斯具体地提出了能力发展的三条基本路径——一是解放和发展社会生产力，拓展人的社会关系，为发展人的能力创造基本物质条件和社会条件。正如马克思和恩格斯所言，人的能力提升是"以生产力的普遍发展和与此相联系的世界交往为前提的"⑤，"社会关系和生产力密切相连。随着新生产力的获得，人们改变自己的生产方式，随着生产方式即谋生的方式的改变，人们也就会改变自己的一切社会关系。"⑥ 二是通过教育和训练，提高人的专门劳动能力。"为改变一般人的本性，使它获得一定劳动部门的技能和技巧，成为发达的和专门的劳动力，就要有一定的教育或训练。"⑦ 三是引导个人将自身劳动主动投入社会发展和造福人类的历史进程之中。"当他通过这种运动作用于他身外的自然并改变自然时，也就同时改变他自身的自然。他使自身的自然中蕴藏着的潜力发挥出来，并且使这种力的活动受他自己控制。"⑧

阿玛蒂亚·森（Amartya Sen）经过对传统福利评价方法进行批判和反思，提出了目前广受关注的可行能力理论。阿玛蒂亚·森认为，传统的

---

① 亚当·斯密. 国民财富的性质和原因的研究（上卷）[M]. 郭大力，王亚南，译. 北京：商务印书馆，1972：5.

② 亚当·斯密. 国民财富的性质和原因的研究（上卷）[M]. 郭大力，王亚南，译. 北京：商务印书馆，1972：258.

③ 马克思恩格斯选集：第1卷 [M]. 北京：人民出版社，1972：237.

④ 张玮祎. 人的全面发展理论的内涵及其实现途径 [J]. 学理论，2013（21）：53-54.

⑤ 马克思恩格斯文集：第1卷 [M]. 北京：人民出版社，2009：539.

⑥ 马克思恩格斯文集：第1卷 [M]. 北京：人民出版社，2009：602.

⑦ 马克思恩格斯全集：第44卷 [M]. 北京：人民出版社，2001：200.

⑧ 马克思恩格斯全集：第44卷 [M]. 北京：人民出版社，2001：208.

以经济增长、个人收入增长、工业化、技术进步等指标所衡量的发展，具有明显的狭隘性，发展应该是一个扩展人们享有的实质自由（substantive freedom）的过程。扩展自由既是发展的首要目的，又是发展的主要手段；"实质自由"就是可行能力，它由政治自由、经济条件、社会机会、透明性保证以及防护性保障等五种工具性自由所构成，且相互补充、相互强化①。

受阿玛蒂亚·森的启发，玛莎·C. 纳斯鲍姆（Martha C. Nussbaum）基于"诗性正义"思想，提出了有别于阿玛蒂亚·森的可行能力理论，认为人的能力可区分为内在能力和混合能力。其中，内在能力是指有别于天赋素养、可以通过训练和发展而来的人的特质与能力；而混合能力是内在能力和社会实践能力的社会、政治、经济条件的总和。可行能力或实质自由，就是混合能力，具体表现为具有"开放性"的十种能力，如生命、身体健康、身体完整、想象与思考、情感、理性实践、归属、其他物种、娱乐、对自我环境的控制等，并将自生能力理解为十种能力的复合体②③④。

总体而言，现有个人能力理论尽管在对个人能力的界定方面存在较大差异，但在个人能力提升所隐含的政策建议方面却存在相当多的相近乃至一致之处——作为存在于特定组织或社会中的人，其发展能力的提升不仅取决于其个人自发或自觉行为，更取决于组织或社会在制度安排方面进行必要的激励与支持，这也是组织或社会迈向长期发展的必经之路。

（二）企业（或组织）发展能力研究

企业发展能力理论是以企业构建市场竞争力或内部发展能力为线索，不断融合经济学和管理学前沿成果而得以不断丰富的思想体系。在这一过

---

① 阿玛蒂亚·森. 以自由看待发展 [M]. 任赜，于真，译. 北京：中国人民大学出版社，2002：30 - 33.

② 玛莎·C. 纳斯鲍姆. 寻求有尊严的生活——正义的能力理论 [M]. 田雷，译. 北京：中国人民大学出版社，2016：15 - 16.

③ Martha C. Nussbaum, Women and Human Development: The Capabilities Approach [M]. Cambridge University Press，2000：78 - 80.

④ 玛莎·C. 纳斯鲍姆. 正义的前沿 [M]. 朱慧玲，谢慧媛，陈文娟，译. 北京：中国人民大学出版社，2016：53 - 55.

程中，相关研究成果中虽然并未直接出现"自生发展能力"的提法，但均蕴含着对企业内部发展能力的高度重视。

从经济学角度看，企业自生发展能力理论萌芽于古典经济学时期。亚当·斯密是最早研究企业自生发展能力思想的经济学者①。进入新古典经济学阶段，阿尔弗雷德·马歇尔（Alfred Marshal）在坚持规模经济决定企业成长路径的前提下，开始关注内部资源使用对企业发展的影响，提出了著名的"企业内在成长理论"，认为企业内部各职能部门之间的分工直接同自身的技能和知识高度相关，进而企业拥有的资源、自身的组织及其内在管理效率，构成了企业规模扩张的重要原因之一②。20 世纪 50 年代后，彭罗斯（Penrose E. T）和理查德森（G. B. Richardson）分别从内部知识积累和组织间协调两个方向发展了马歇尔的上述观点③④。熊彼特（Joseph Alois Schumpeter）另辟蹊径，从"创新"的视角界定了企业的核心能力，认为创新就是把从来没有出现过的关于生产要素和生产条件的"新组合"引入生产体系，也即建立新的生产函数的过程，这种过程本身就是企业核心能力的形成过程⑤。

从管理学角度看，企业自生发展能力理论发端于 20 世纪 60 年代初期。以安德鲁斯（Andress，Kenneth R）为代表的诸多学者，从战略管理角度研究了企业发展能力问题。安德鲁斯主张企业应通过更好地配置内部资源来构建自身的"独特能力"，以此达到与外部环境的匹配或一致，获得市场竞争优势⑥。进入 20 世纪 80 年代，以波特（Michael E. Porter）为代表的一批学者再次把研究视角集中于企业的外部环境，基于"结构—行为—绩效"范式，认为企业应该根据行业竞争结构（也就是行业环境）

---

① 亚当·斯密. 国民财富的性质和原因的研究（上卷）[M]. 郭大力，王亚南，译. 北京：商务印书馆，1972.

② 马歇尔. 经济学原理 [M]. 朱攀峰，徐宏伟，译. 北京：北京出版社，2000.

③ Penrose，E. T. The theory of the growth of the firm [M]. New York：Oxford University Press，1959.

④ Richardson，G. B. The Organization of Industry [J]. Economic Journal，1972，vol. 82：883 - 896.

⑤ 约瑟夫·熊彼特. 经济发展理论 [M]. 何畏，易家祥，译. 北京：商务印书馆：1990.

⑥ Andress，Kenneth R. The Concept of Corporate Strategy [M]. Revised Edition，Richard D. Irvin，Inc.，Homewood，Illinois，1980.

来制定发展战略，并进一步提出了三种典型的企业竞争战略，即成本领先战略、差异化战略和集中化战略①。

20世纪90年代开始，学者们对传统战略管理理论的不足进行了广泛讨论，在此基础上逐渐形成了"核心能力理论"。其中，该理论的提出者普拉哈罗德和哈默认为企业核心能力主要来自于"组织的积累性学识，特别是关于如何协调不同的生产技能和有机结合多种技术流派的学识"②。此后，巴顿（D. B. Barton）对企业核心能力的内容和建构策略进行了总结性解析，认为企业核心能力主要由员工的知识和技能、管理体系、物理技术系统、价值观与行为规范等四部分构成，而企业建构核心能力的途径则在于长期坚持制度化和系统化的内部行为，其重点在于形塑能够为企业带来竞争优势的知识体系③。

尽管企业核心能力理论一经提出，就获得了学术界的高度评价，同时也被越来越多的企业用以指导其战略管理实践，然而该理论出现不久，就有学者发现了其中比较突出的不足：其一是无法回答在复杂的动态环境下，企业如何长期维持竞争优势的问题；其二是无法回答如何避免核心能力建构过程中可能发生的"刚性"问题。基于此，在蒂斯（Teece David）和皮萨诺（Pisano Gary）提出"动态能力"概念的基础上④，蒂斯等（Teece David，Pisano Gary，Amy Shuen）于1997年较为完整地阐述了"动态能力"的基本研究框架。根据蒂斯等人的观点，"动态能力"是企业为适应复杂外部环境变化而整合、建立以及重构内外部能力的能力；它与企业"核心能力"存在巨大差别，是企业能力系统中最高层级的能力，它在企业面对复杂多变的外部环境时，能够确保企业迅速实现适应性改变，

---

① 迈克尔·波特. 竞争战略［M］. 陈小悦，译. 北京：华夏出版社，1990.

② Praharad C. K and Hamel Gary. The Core Competence of the Corporation ［J］. Harvard Business Review，1990，May-June：79-91.

③ 李正中，韩智勇. 企业核心竞争力：理论的起源及内涵［J］. 经济理论与经济管理，2001（7）：54-56.

④ Teece David，Pisano Gary. The Dynamic Capabilities of Firm：an Introduction ［J］. Industrial and Corporate Change. 1994，（3）：537-556.

借此确立新的市场（或行业）竞争优势①。

回顾企业自生发展能力相关理论体系的演进过程，虽然不同学派之间还存在众多分歧，但这种分歧恰恰反映了自生发展能力对于企业长期发展的重大战略意义，反映了综合考量企业内部资源同外部环境构成要素之间协调与平衡问题的必要性，同时也反映了企业自生发展能力培育策略的复杂性。

（三）区域（或国家）自生发展能力研究

对于区域或国家经济发展的关注，一直是经济学的传统，在整个经济学发展中也始终是一个重要的理论命题。

在区域或国家层面上，"自生发展能力"概念着重强调了在发展路径选择上的"自生"导向性和发展动力上的"能力"导向性。可以认为，这一领域的研究成果，最早可以追溯至古典经济学时期亚当·斯密（Adam Smith）的"绝对优势"理论和大卫·李嘉图（David Ricardo）的"比较优势理论"②③。此后，经济学在解释区域或国家发展问题时，经历了长期以"增长"替代"发展"的传统时期。及至 20 世纪 50 年代，这种偏误开始在理论界得到纠正④⑤⑥。

20 世纪 70 年代开始，区域或国家自生发展能力问题的研究开始形成两个逻辑脉络——其一是沿着扩展研究维度的逻辑，演化形成了"可持续发展理论"；其二是沿着探究发展动力的逻辑，演化形成了"内生发展理论"和"新内生发展理论"。

1972 年，罗马俱乐部在其发布的学术报告《增长的极限》中，基于对人类未来发展的悲观预测，提出了"零增长"策略；同年，联合国人类

---

① David J. Teece，Gary Pisano，Amy Shuen. Dynamic capabilities and Strategic Management [J]. Strategic Management Journal，1997，18（7）：509 – 533.

② 亚当·斯密. 国民财富的性质和原因的研究（下卷）[M]. 郭大力，王亚南，译. 北京：商务印书馆，1974.

③ 大卫·李嘉图. 政治经济学及赋税原理 [M]. 周洁，译. 北京：华夏出版社，2005.

④ 弗朗索瓦·佩鲁. 新发展观 [M]. 张宁，丰子义，译. 北京：华夏出版社，1987.

⑤ 迈克尔·P. 托达罗. 经济发展与第三世界 [M]. 印金强，赵荣美，译. 北京：中国经济出版社，1992：50.

⑥ Paul Patrick Streeten. Thinking about Development [M]. Cambridge University Press，1997.

环境研讨会上可持续发展（sustainable development）思想正式形成，引发了学术界的广泛重视。1981 年，莱斯特尔·布朗（Lester R. Brown）总结了可持续发展的主要路径——控制人口增长、保护资源基础、开发和利用可再生能源、改变社会成员传统价值观念等[①]。1987 年，世界环境与发展委员会发布学术报告《我们共同的未来》，从代际公平角度为"可持续发展"提供了全新定义[②]。1992 年，联合国环境与发展大会《21 世纪议程》进一步从社会可持续发展、经济可持续发展、资源合理利用和环境保护等方面阐述了可持续发展的战略框架和基本对策[③]。

同时，与"可持续发展理论"相伴出现的"内生发展理论"以及由其衍生而出的"新内生发展理论"，在严密的理论逻辑和显著的实践应用成效的共同支持下，已经在区域或国家发展理论中成为新的主流。从源流上看，鹤见和子为"内生发展理论"的出现做出了开创性贡献，总结了以政府等外力推动为主要特征的"外发的发展"和以注重本地社区秩序建设为主要特征的"内发的发展"两类现代化模式[④]。1975 年联合国经济大会上，瑞典 Dag Hammarskjöld 财团在题为《世界的未来》的研究报告中，明确提出了"内生发展"（endogenous development）的概念，并认为"如果把发展作为个人解放和人类的全面进步来理解，那么事实上发展只能由社会内部来推动。"[⑤] 此后，经济学领域内的众多学者开始在丰富和发展"内生发展理论"方面进行了积极探索。其中，宫本宪一总结了内生发展模式能够取得预期成效的具体条件[⑥]，西川润系统梳理了内生发展模式的基本特征[⑦]，伽罗弗利（Garofoli）明确了区域内生发展动力的来源，将

① 刘敏. 社会发展理论的演变走向及其特征 [J]. 甘肃社会科学，1999 (3)：53 - 57.

② 范柏乃，马庆国. 国际可持续发展理论综述 [J]. 经济学动态，1998 (8)：65 - 68.

③ 周海林，黄晶. 可持续发展能力建设的理论分析与重构 [J]. 中国人口·资源与环境，1999 (3)：22 - 26.

④ 鹤见和子，川田侃. 内発的發展論 [M]. 東京：東京大學出版社，1989.

⑤ Linstone H A. Another Development：Approaches and Strategies [J]. Technological Forecasting and Social Change，1979，13 (1)：95 - 96.

⑥ 宮本憲一. 環境経済学 [M]. 東京：岩波書店，1989.

⑦ 西川潤. 内発的発展論の起源と今日的意義 [A] //鶴見和子·川田侃編. 内発的発展論 [C]. 東京：東京大学出版会，1989.

其归结为来自于区域内部、推进创新行动的能力[①];普罗格(Jan Douwe van der Ploeg)和安·朗(Ann Long)将区域内生发展归结为本地社会动员过程,认为只有有效整合各类利益集团使其形成一个稳定的组织结构,才能使得本地发展能力得以提高[②]。马斯凯尔等(Maskell P)则明确提出了"地方化能力(localized capabilities)"概念,并将其具体归结为制度禀赋、现有知识、自然资源以及区域的知识与技能等四类要素,认为地方化能力是建立区域学习创新同外部环境有机联系的重要基础[③]。

2001年,克里斯托弗·雷(Christopher Ray)在总结了欧盟乡村发展计划(LEADER)基本经验后,提出了超越外生发展理论和内生发展理论的"新内生发展"(Neo-endogenous development)概念[④]。这一概念一经提出就引起了学者们的普遍重视,快速完成了"新内生发展"的理论建构工作。该理论对内生发展理论所存在的排斥外部力量参与区域发展行动的观念进行了批判,认为特定地区在追求内生发展过程中,不应人为割裂社区与外部环境的联系和外部力量所带来的发展机遇,而是要在维护本地文化观和世界观的同时,不断从外部汲取知识与资源,实现区域内部系统和外部网络系统的协同,利用内部和外部双重动力激活本地发展潜能[⑤⑥⑦⑧]。

---

① Garofoli G. Endogenous Development and Southern Europe [M]. The Netherlands:BDU,Barneveld,1992.

② Jan Douwe van der Ploeg,Ann Long. Born from Within:Practice and Perspectives of Endogenous Rural Development [M]. Van Gorcum,Assen,The Netherlands,1994.

③ Maskell P,et al. Competitiveness,Localized Learning and Regional Development [M]. London:Routledge,1998.

④ Christopher Ray. Culture Economies:A Perspective on Local Development in Europe [EB/OL]. https://www.doc88.com/p-9072354715280.html. 2015-12-24.

⑤ Rai,A. Rural Sociology and Development [M]. Kathmandu:Kasthamandap Pustak Ghar,2014.

⑥ Atterton J,Thompson N. University Engagement in Rural Development:A Case Study of the Northern Rural Network [J]. Journal of Rural Community Development,2010(3):123-132.

⑦ Gorlach T A. Neo-endogenous Development and the Revalidation of Local Knowledge [J]. Polish Review,2007(160):481-497.

⑧ Alfredo Tolón-Becerra,Xavier Lastra-Bravo,Emilio Galdeano-Gómez. Planning and Neo-endogenous Model for Sustainable Development in Spanish Rural Areas [J]. International Journal of Sustainable Society,2010,2(2):156-176.

综合地看，现有的各类区域发展理论，对地区或国家发展的思考维度，经历了一个由"经济"单变量到"经济＋社会"双变量过渡，再向"经济＋社会＋自然"复合变量过渡的演进过程，同时也经历了区域外生发展偏重向内部发展偏重过渡，再到二者并重的演化过程。从相关政策建议中可以发现，其实每一种发展理论都非常中肯地对政府行动及其背后所需的能力建设过程提供了颇具可行性的对策思路，这也是每一种发展理论能够被众多国家乃至国际组织认同和倡导的基本原因所在。当然，多样性的现实世界，决定了特定地区（或国家）在特定的历史阶段，其核心发展诉求、基本发展条件和内外部发展环境等因素，可能迥异于其他地区（或国家），因而其发展能力建设的路径必然会体现出自身特色。一言以蔽之，既有的区域发展理论的所有理论内容，只是为日后区域发展理论的进一步完善和发展打开了启蒙之窗。

二、国内代表性成果

（一）个人（或家庭）发展能力研究

近年来，我国学者在高度关注国外个人发展能力理论前沿动态的同时，尤为注重主流理论与本土化实践的结合，在理论创新方面取得了令人瞩目的成就。总体来看，近年来学者们主要应用阿玛蒂亚·森的可行能力理论，以城乡居民个人或家庭、贫困群体、农民工或其随迁家庭成员为主要研究对象，规范分析和实证分析系相结合，在福利与能力水平测度及评价、社会贫困、农民市民化、社会治理等领域开展了持久研究。

方福前等（2009）对城镇居民功能空间下的福利状况及其影响因素所进行的实证分析发现，收入和学历特征对城镇居民福利影响最为显著，而住房、休闲、人际关系、健康以及工作满意度对其福利影响同样非常显著[1]。康锋莉等（2015）对我国居民可行能力不平等状况的测算结果表明，不同年龄组之间、城乡之间、东中西部地区之间在受教育程度、身体与心理健康、家庭收入与资产、生活条件等方面均存在着不同程度的不平

---

[1]　方福前，吕文慧.中国城镇居民福利水平影响因素分析——基于阿马蒂亚·森的能力方法和结构方程模型［J］.管理世界，2009（4）：17-26.

等现象①。尹奇等（2010）、赵秀君等（2019）对失地农民福利水平进行了测算和评价。前者发现，居住条件和发展空间的扩大构成了失地农民福利状况改善的主要原因，而经济状况、心理状况和居住环境却呈现下降趋势②；而后者则发现，在经济发达地区影响失地农民福利变化的最重要因素并非经济和就业状况的变化，而是情感、生活环境及防护性保障等因素③。袁芳等（2013）、张广胜等（2016）、祝仲坤等（2020）以农民工为研究对象，对其可行能力影响下的福利状况进行了较为系统的分析。其中，袁方等（2016）的研究结果显示，可行能力的不平等和收入的不平等对农民工总体福利状况会产生负向影响，但这种影响对不同群体的福利状况而言却存在较大差异④；张广胜等（2016）的研究表明，在可行能力视域下，尽管农民工在健康状况、居住环境和精神感受方面的福利水平并不低，但是在工作环境、防护性保障等其他功能性指标方面的福利水平却较低，导致农民工的总体福利仍处于较低水平⑤；而祝仲坤等（2020）更为细致的研究结论显示，由经济条件、社会条件、防护性保障、精神感受及政治参与等五个指标合成的农民工的可行能力，对进城农民工的福利状况产生了显著影响，但却存在地区和代际层面的差异性，其总体福利指数仍然相对较低⑥。

市场化转型以来，农村剩余劳动力（或农民工）的市民化问题一直是我国经济社会热点问题之一。石智雷（2013）和徐丽敏（2015）较具代表性地应用可行能力理论，从城市融入角度探讨了加速乡—城迁移的应对策

① 康锋莉，区蕾，赖磊．中国居民可行能力不平等的测算［J］．统计与决策，2015（21）：89-91.
② 尹奇，马璐璐，王庆日．基于森的功能和能力福利理论的失地农民福利水平评价［J］．中国土地科学，2010（7）：41-46.
③ 赵秀君，高进云．被征地农民福利水平影响因素差异分析——基于 Sen 的可行能力理论和结构方程模型［J］．天津农业科学，2019（1）：65-71.
④ 袁方，史清华．不平等之再检验：可行能力和收入不平等与农民工福利［J］．管理世界，2013（10）：49-61.
⑤ 张广胜，等．可行能力与农民工的福利状况评价［J］．华南农业大学学报（社会科学版），2016（4）：65-75.
⑥ 祝仲坤，等．可行能力框架下进城农民工福利水平测度［J］．城市问题，2020（6）：73-82.

略问题。其中，石智雷（2013）客观揭示了农村迁移劳动力在城市融入过程中所表现出的就业能力、保障能力、生存能力的不足现象，并具体分析了上述现象的产生原因，提出了包括加大人力资本投资力度、创造适宜社区环境、提供全面权利保障、放大家庭禀赋效应等四方面内容的能力建构对策①。徐丽敏（2015）规范性地探讨了农民工随迁子女可行能力匮乏的原因，并提出了由自我能力培育、社会支持网络建构和制度重构等三方面内容构成的可行能力建构路径②。

吴帆等（2012）、王修华等（2019）、方珂等（2019）、田北海等（2020）将个人可行能力理论的适用领域进行了适度扩展，对家庭发展能力问题和贫困问题开展了综合性分析。其中，吴帆等（2012）的研究成果表明，在家庭变迁加剧、家庭功能供求的自我均衡机制失灵等一系列因素的影响下，家庭能力建设对外部支持的依赖程度存在不断提高趋势，有必要获得社会政策的关注③。王修华等（2019）细致解读了我国贫困家庭在发展的可行能力方面所存在的欠缺，并提出了三位一体（政府赋权、社会激励和贫困户参与）的家庭能力培育机制④。方珂等（2019）以三个欠发达典型案例的分析切入，提出了通过正确处理政府与市场、城市与乡村关系，完善政策执行者和贫困群体激励机制等途径，提高贫困群体可行能力的政策建议⑤。田北海等（2020）进一步实证挖掘了家庭支出型贫困的内在机理，指出家庭防护能力、社会资本和人力资本匮乏等可行能力因素是其深层次归因，因而治理思路应在于提升贫困家庭的风险防范能力与可行能力⑥。

---

① 石智雷 . 迁移劳动力的能力发展与融入城市的多维分析 [J]. 中国人口·资源与环境，2013（1）：89 - 96.

② 徐丽敏 . 农民工随迁子女社会融入的能力建设——基于森"可行能力"视角 [J]. 学术论坛，2015（5）：78 - 84.

③ 吴帆，李建民 . 家庭发展能力建设的政策路径分析 [J]. 人口研究，2012（4）：37 - 44.

④ 王修华，任静远，王毅鹏 . 基于贫困户可行能力不足的扶贫困境与破解思路 [J]. 农村经济，2019（5）：60 - 67.

⑤ 方珂，蒋卓余 . 生计风险、可行能力与贫困群体的能力建设——基于农业扶贫的三个案例 [J]. 社会保障研究，2019（1）：86 - 95.

⑥ 田北海，徐杨 . 可行能力视角下家庭支出型贫困的致贫机理及其治理——基于湖北省四个县（市）的调查 [J]. 社会保障研究，2020（4）：84 - 92.

与此同时，以孙强强等（2020）、李红艳（2020）为代表的最新研究成果，将对可行能力理论的应用范畴进一步延伸至社会治理领域。孙强强等（2020）认为，农村家户对于自身私利和乡村公共利益的权衡，会对乡村治理效果产生显著影响，为此可以从强化村民自治、耦合正式制度与非正式制度、重塑乡贤德治等三个方面，提升农户的公共可行能力和乡村治理效力[①]。李红艳（2020）通过对一个贫困村蜕变跃迁案例的分析，深刻论证了激活村民潜在可行能力、扩展现实可行能力对于复苏村庄秩序、激发乡村活力、改变乡村贫困面貌的现实意义[②]。

（二）企业（组织）自生发展能力研究

林毅夫是国内企业自生发展能力研究的先行者。在其所提出的新结构经济学视角下，企业自生能力（viability）被定义为在自由竞争的市场经济中，在没有外部扶持的条件下，一个正常经营的企业能够获得不低于社会可接受的正常利润水平的能力[③]。在此基础上，朱建民等（2016）构建了一个由三级指标构成的企业自生能力评价体系，并应用这一指标体系对我国代表性企业的自生能力状况进行了总体测度[④]。吴清扬等（2021）的实证研究结果显著支持了企业自生能力与企业存活时长之间的内在关系[⑤]。杨瑞等（2009）则进一步论证了在相似要素禀赋结构下，企业自生能力演化同发展路径创造的阶段性特征存在较强的互动关系[⑥]。基于企业自生能力这一核心概念，林毅夫（2002）、李飞跃等（2011）等进一步论证了发展中国家在经济转型过程中，依据本国要素禀赋结构和发展目标，

① 孙强强，姚锐敏. 家户本位、公共可行能力与有效乡村治理［J］. 甘肃社会科学，2020（6）：64-70.

② 李红艳. 以扩展可行能力复苏村庄秩序——基于晋南某贫困村的案例分析［J］. 中国农业大学学报（社会科学版），2020（5）：111-121.

③ 林毅夫，刘培林. 自生能力和国企改革［J］. 经济研究，2001（9）：60-70.

④ 朱建民，施梦. 企业自生能力评价体系的构建与实证研究［J］. 科技管理研究，2016（17）：66-71.

⑤ 吴清扬，姜磊. 工业企业自生能力与存活时间：基于新结构经济学视角［J］. 经济评论，2021（4）：96-113.

⑥ 杨锐，胡宇杰，李萍. 群体路径、自生能力演化与路径创造——宁波传统产业与苏州IT产业集群比较研究［J］. 科学发展，2009（3）：70-79.

以提升企业自生能力为中介，合理选择宏观发展战略的必要性①②。

客观而言，上述研究成果主要关注于企业自生能力对企业发展乃至于国家产业政策选择的影响，而对企业自生能力本身的决定因素没有给予明确阐释，对企业自生能力分析方法能否适用于中观层面的产业分析也没有进行深入讨论。基于此，有学者在该方面投入了大量精力，对企业自生发展能力理论的拓展做出了一定贡献。廖国民等（2003）证明，技术优势、竞争优势、交易效率和规模经济，共同构成了企业自生能力的决定因素③。皮建才（2005）以交易成本视角解释了企业自生能力的形成问题，认为只有实现了交易成本和生产成本的联合动态最小化目标，企业才能具备自生能力，其中交易成本最小化构成了企业自生能力生成的一阶条件，而生产成本最小化则构成了二阶条件④。蔡锐（2015）在对竞争性国企自生能力形成机制的研究中隐含揭示，企业自生能力的形成是内部因素（企业家能力、创新驱动策略、独特资源）和外部因素（市场环境、政府治理机制）共同作用的结果⑤。

管理学领域中，近年来我国企业自生能力研究主要集中于企业核心能力研究和企业动态能力研究两个方向。一方面，在企业核心能力研究中，臧敦刚等（2016）对企业核心能力悖论的形成原因和解决对策进行了实证分析，揭示了市场导向对于强化核心能力的重要作用⑥；李顺才等（1999）较早分析了企业核心能力的特征、构成要素及其与企业竞争优势之间的内在关系⑦；方统法（2001）将企业核心能力的特征概括为价值特征、资源特征和知识特征，并认为企业核心能力的识别应从有形与无形、

①　林毅夫．自生能力、经济转型与新古典经济学的反思［J］．经济研究，2002（12）：15－24，90．

②　李飞跃，林毅夫．发展战略、自生能力与发展中国家经济制度扭曲［J］．南开经济研究，2011（5）：3－19．

③　廖国民，王永钦．论比较优势与自生能力的关系［J］．经济研究，2003（9）：32－39，48－93．

④　皮建才．企业理论的进展：交易成本与自生能力［J］．经济社会体制比较，2005（2）：130－137．

⑤　蔡锐．竞争性国有企业自生能力及其形成机制探讨［J］．中国流通经济，2015（5）：74－79．

⑥　臧敦刚，李后建．破解企业核心能力悖论：以企业家精神导向和市场导向的视角［J］．华东经济管理，2016（3）：122－130．

⑦　李顺才，周智皎，邹珊刚．企业核心能力：特征、构成及其发展策略［J］．科技进步与对策，1999（5）：89－90．

静态与动态、内部与外部等多角度多层次着眼①；郭斌等（2001）从企业战略管理能力、核心技术能力、核心制造能力、组织/界面管理能力以及核心营销能力等五个维度，构建了企业核心能力测度的基本方法②。另一方面，企业动态能力研究中，孟晓斌等（2007）较为系统地总结了企业动态能力模型③；黄江圳等（2007）将企业动态能力的演化过程分解为"变异、内部选择、传播和保持"四个阶段的循环，并认为通过组织知识和学习知识途径，综合运用内部学习、自然选择及企业网络三种机制，有利于企业动态能力的确立④；贺小刚等（2006）较具代表性地对动态能力的测度和贡献进行了初步尝试⑤；曹红军等（2008）就不同动态能力维度对于企业绩效的影响程度和路径关系开展了进一步的实证研究⑥。除此之外，国内大批学者还运用企业核心能力理论和动态能力理论，对大量企业发展战略进行了再审视，从而极大地丰富和深化了两类理论的基本认知，显著提高了两类理论的应用效度⑦⑧⑨。

（三）区域自生发展能力研究

不平衡发展问题与我国现代化建设过程长期相伴，区域不平衡发展和领域不平衡发展现象表现尤其突出，进一步造成了不充分发展格局的持续存在。2002年，中共十六大在解决西部地区滞后发展问题时，首次提出增强其自我发展能力的总体思路，而后在《中华人民共和国国民经济和社

---

① 方统法．企业核心能力及其识别 [J]．经济管理，2001（20）：10-16.

② 郭斌，蔡宁．企业核心能力审计：指标体系与测度方法 [J]．系统工程理论与实践，2001（9）：7-15.

③ 孟晓斌，王重鸣，杨建锋．企业动态能力理论模型研究综述 [J]．外国经济与管理，2007（10）：9-16.

④ 黄江圳，董俊武．动态能力的建立与演化机制研究 [J]．科技管理研究，2007（8）：9-11.

⑤ 贺小刚，李新春，方海鹰．动态能力的测量与功效：基于中国经验的实证研究 [J]．管理世界，2006（3）：94-103，113.

⑥ 曹红军，赵剑波．动态能力如何影响企业绩效——基于中国企业的实证研究 [J]．南开管理评论，2008（6）：54-65.

⑦ 揭筱纹，宋宝莉．基于核心能力的适度多元化：企业成长与发展的方向 [J]．经济学家，2007（1）：89-95.

⑧ 曾萍，廖明情，汪金爱．区域多元化抑或产品多元化？制度环境约束下民营企业核心能力构建与成长战略选择 [J]．管理评论，2020（1）：197-210.

⑨ 刘迪，孙剑．动态能力如何影响中小型农产品电商企业绩效？ [J]．华中农业大学学报（社会科学版），2020（5）：51-59，170-171.

会发展第十一个五年规划纲要》中，该思路进一步完善为"西部地区要加快改革开放步伐，通过国家支持、自身努力和区域合作，增强自我发展能力。"① 由此促成了学术界对于国内不平衡、不充分发展视角下区域自生发展能力问题的日益重视②，相关研究成果在相互借鉴和相互完善中实现了快速增长，主要集中在如下三个方面：

其一是区域自我发展能力的内涵认识。其实，唐奇甜（1990）和天官平等（2001）较早对区域自我发展能力的内涵进行了解读③④，但却存在定义过于宽泛、缺乏必要理论支撑的不足。鱼小强（2002）认为区域自我发展能力尽管强调经济发展的自身造血功能，但并不排斥外部力量的推动作用，但是其定义因为只涉及经济系统的自生能力，对其他社会发展系统则有所忽略⑤。李晓红等（2013）、闫磊等（2011）的定义存在类似解读⑥⑦。相比之下，李盛刚等（2006）、王科（2008）的定义更具合理内涵与外延。其中，李盛刚（2006）认为区域自生发展能力就是"能够促进区域经济、社会和其他方面和谐、平衡、长效发展的一种自我能力，并且这种自我能力在诸要素中占据根本地位并发挥根本作用。"⑧ 而王科（2008）则从主体功能区视角将其界定为"一个区域的自然生产力和社会生产力的总和，是对一个区域的自然资本、物质资本、人力资本和社会资本积累状

① 中国人大网 . 中华人民共和国国民经济和社会发展第十一个五年规划纲要［EB/OL］. ht-tp：//www. npc. gov. cn/wxzl/gongbao/，2006 - 03 - 18.
② 现有大多数研究成果中将称为"自我发展能力"，本文则倾向于使用"自生发展能力"一词。
③ 唐奇甜 . 增强民族地区自我发展能力的若干思考［J］. 中南民族学院学报（哲学社会科学学版），1990（2）：1 - 6.
④ 田官平，张登巧 . 增强民族地区自我发展能力的探讨——兼对湘鄂渝黔边民族地区发展的思考［J］. 吉首大学学报（社会科学版），2001（2）：7 - 11，15.
⑤ 鱼小强 . 对增强西部地区自我发展能力的思考［J］. 商洛师范专科学校学报，2002（3）：11 - 14.
⑥ 李晓红，郭蓉 . "区域自我发展能力"的经济学界定及经验含义［J］. 经济问题，2013（7）：14 - 18.
⑦ 闫磊，姜安印 . 区域自我发展能力的内涵和实现基础——空间管制下区域自我发展能力研究［J］. 甘肃社会科学，2011（2）：213 - 216.
⑧ 李盛刚，畅向丽 . 西部民族地区农村自我发展问题研究［J］. 甘肃社会科学，2006（6）：152 - 154.

况的整体描述。"①

其二是区域自生发展能力的解构、影响因素与评价。从解构角度看，李盛刚等（2006）认为区域自生发展能力主要包括自生经济发展能力、自生社会发展能力、自生区域组织协调能力、组织创新能力和生态平衡发展能力等五方面能力②；高新才（2008）等认为，区域自生发展能力主要由自然生态环境可持续发展能力、区域社会发展能力和区域经济集聚能力等三项能力构成③；郑长德（2011）从发展主体视角出发，认为区域自我发展能力可分解为政府自我发展能力、企业自我发展能力、家庭自我发展能力和区域创新与学习能力等四项能力④。从影响因素角度看，孙根紧（2013）认为，区域自生发展能力的生成通常会受到众多因素的影响，如自然条件、自然资源、区位条件、物质资本、劳动力资源、科学技术、社会制度和偶然性历史事件等⑤；从区域自生发展能力的评价角度看，李豫新等（2013）构建了一个包括政府自我学习能力指数、家庭自我发展能力指数、企业自我发展能力指数和区域学习创新能力指数等四项内容的区域自生发展能力指数，并据此对西部民族地区的自生发展能力进行了测度分析⑥；程广斌等（2014）构造了一个包括资源存量能力、资源利用能力和资源创生能力等三类指标的评价模型，并分项考察了西部地区自生发展能力与全国 31 个省区市的横向对比情况⑦；徐孝勇等（2019）构建了一个由三级指标构成的我国集中连片特困县域自生发展能力评价指标体系，并

---

① 王科. 中国贫困地区自我发展能力解构与培育——基于主体功能区的新视角 [J]. 甘肃社会科学，2008（3）：100-103.

② 李盛刚，畅向丽. 西部民族地区农村自我发展问题研究 [J]. 甘肃社会科学，2006（6）：152-154.

③ 高新才，王科. 主体功能区视角的贫困地区发展能力培育 [J]. 改革，2008（5）：144-149.

④ 郑长德. 中国民族地区自我发展能力构建研究 [J]. 民族研究，2011（4）：15-24，107.

⑤ 孙根紧. 中国西部地区自我发展能力及其构建研究 [D]. 成都：西南财经大学，2013.

⑥ 李豫新，张争妍. 西部民族地区自我发展能力测评及影响因素分析 [J]. 广西民族研究，2013（3）：161-169.

⑦ 程广斌，任严岩，程楠，张盼盼. 西部地区自我发展能力——内容解构、评价模型与综合测评 [J]. 工业技术经济，2014（1）：123-129.

以其为基础具体测算了 14 片特困县域的自生发展能力和时空演变态势[①]。

其三是区域自生发展能力的培育策略。汪海霞（2015）从贫困类型的差异性出发，就带头型贫困地区、潜力型贫困地区、滞后型和弱势型贫困地区自生发展能力的培育问题，提出了分类对策[②]。李晓红（2019）围绕优化制度供给问题，从提高要素聚集能力、要素配置效率、产品竞争能力和资源环境承载力能力等四个方面，探讨了提升区域自生发展能力的可行策略[③]。

第二节　城乡二元结构及其转型问题研究综述

正如上一章所言，从整体角度来看，我国农村发展是在长期处于城乡二元结构的宏观背景之下而展开的，农村发展状况不仅取决于其内部为改变落后状态所作出的努力，而且受到城乡二元结构及其转型进程的重大影响。因此，对城乡二元结构的形成和演进规律的考察，既有利于从总体上把握农村发展所面临的约束条件，又有利于从根本上理解培育农村自生发展能力的突破口和着力点之所在。

一、国外代表性研究成果

"二元经济"一词最早由伯克（Boeke，1953）提出，系指"发展中国家存在的有关生产和组织的各种不对称性。"[④] 而后，刘易斯（W. A. Lewis，1954）在其经典文献《劳动无限供给下的经济发展》中对大量存在于发展中国家的二元经济现象进行了系统化研究，引发了广泛而持续的关于城乡二元结构问题的研究热潮。

当然，从本质上讲，城乡二元结构理论是一种城乡关系演化理论，而早在城乡二元经济理论形成之前，马克思、恩格斯就在其理论体系中对城

---

① 徐孝勇，曾恒源. 中国 14 个集中连片特困地区县域自我发展能力测度与乡村振兴战略瞄准研究［J］. 农林经济管理学报，2019（5）：684－692.

② 汪海霞. 贫困地区自我发展能力研究——以新疆为例［M］. 北京：经济管理出版社，2015.

③ 李晓红. 区域发展能力概论［M］. 北京：中国社会科学出版社，2019.

④ 伊特韦尔，等. 新帕尔格雷夫经济学大辞典（第 1 卷）［M］. 北京：经济科学出版社，1996.

乡关系的演化问题进行了极为深刻的剖析。因此，我们在本节中首先对马克思主义城乡关系理论作概括总结。

（一）马克思主义城乡关系理论

马克思在《哲学的贫困》一书中明确指出，城乡关系构成了一国经济社会发展中具有全局影响的关键因素，"城乡关系一改变，整个社会也跟着改变。"①

马克思主义城乡关系理论认为，城市的产生以及城乡关系的演化，是由生产力水平所决定的社会分工体系发展的结果。在此基础上，城乡关系的演化过程可以划分为三个阶段：城市产生阶段、城乡对立阶段和城乡融合阶段。马克思和恩格斯认为，城市早在工业革命之前就已产生，但城市和乡村之间并未形成对立关系。而后，在工业革命过程中，随着社会劳动分工的日趋细化，城市和乡村之间的对立关系开始形成，"一切发达的、以商品交换为中介的分工的基础，都是城乡的分离。"② "物质劳动和精神劳动的最大的一次分工，就是城市和乡村的分离。"③ 马克思和恩格斯进一步指出，尽管城市的出现是人类社会的一大进步，但是城市和乡村对立关系的形成，却会引发两个严重后果：一方面，在城市快速发展的同时，农村则渐趋衰落。"城市已经表明了人口、生产工具、资本、享受和需求的集中这个事实；而在乡村则是完全相反的情况：隔绝和分散。"④ "这个历史现象就是制造业比农业发展快。农业生产率提高了，但是比不上工业生产率提高的程度。"⑤ 另一方面，城市人口和乡村人口的分工差异将导致两大群体的利益对立，"这种对立鲜明地反映出个人屈从于分工、屈从于他被迫从事的某种活动，这种屈从现象把一部分人变为受局限的城市动物，把另一部分人变为受局限的乡村动物，并且每天都不断地产生他们利益之间的对立。"⑥

① 马克思恩格斯全集 [M]. 第4卷. 北京：人民出版社，1995：179.
② 马克思. 资本论 [M]. 第1卷. 北京：人民出版社，2004：408.
③ 马克思恩格斯选集 [M]. 第1卷. 北京：人民出版社，2012：184.
④ 马克思恩格斯选集 [M]. 第1卷. 北京：人民出版社，1995：104.
⑤ 马克思恩格斯全集 [M]. 第34卷. 北京：人民出版社，2008：13.
⑥ 马克思恩格斯选集 [M]. 第3卷. 北京：人民出版社，1972：57.

马克思和恩格斯认为，无论是城乡分离还是城乡对立状态的持续，都会对社会生产力的发展形成巨大阻碍。这样，生产力与生产关系相互适应的规律，就会形成城乡融合发展的客观要求，而其基本途径就在于"彻底消灭阶级和阶级对立；通过消除旧的分工，通过产业教育、变换工种、所有人共同享受大家创造出来的福利；通过城乡的融合，使社会全体成员的才能得到全面发展。"①

总体而言，马克思主义城乡关系理论不但深刻揭示了城乡关系由低水平共存到分离对立再到高水平融合的必然趋势，而且深刻阐释了城乡分离对立的原因，以及城乡融合发展的条件和标志，对于正确理解城乡二元结构的本质、演进规律以及通过城乡融合发展路径提高农村自生发展能力具有重大的启发意义。

（二）刘易斯模型

刘易斯（W. A. Lewis）在经济学领域敏锐地发现，发展中国家在国民经济结构和经济发展条件方面同发达国家存在巨大差异，其经济发展面临着农业部门劳动生产力持续低下的巨大阻碍。为了破解这一难题，刘易斯于1954年首次提出了完整的二元经济模型②。该模型主要假设如下：第一，依据劳动生产力水平的差异，发展中国家的经济由劳动生产力较低的传统农业部门（主要分布在农村）和劳动生产力较高的现代工业部门（主要分布在城市）构成，前者仅能使农业人口维持基本生计，后者能够也愿意吸纳更多的劳动实现就业。第二，传统农业部门拥有丰富的劳动力资源，但资本投入却严重不足，存在着大量边际生产力为零甚至是负数的剩余劳动力，其工资水平仅能维持农民家庭最低限度的生活支出（又可称为"生计工资"或"制度工资"）；与此同时，城市现代工业部门在发展起点上的规模较小、实力较低，但却能在利润最大化目标驱动下将所有利润用于进一步投资，同时采用边际劳动生产率等于工资的劳动力雇佣原则，不存在过剩劳动力。第三，城市现代工业部门的工资水平略高于农业部门的生计工资，这就意味着在农业剩余劳动力被城市工业部门完全吸纳之前，工业

---

① 马克思恩格斯文集 [M]. 第 2 卷. 北京：人民出版社，2009：689.

② Lewis W. A. Economic Development with Unlimited Supplies of Labour [J]. The Manchester School，1954，22（2）：139 - 191.

部门的工资水平可以保持在一个稳定状态，也可以理解为制度工资范畴。

根据如上假设，刘易斯认为，现代工业部门不但可以从传统农业部门获得无限劳动力供给，而且可以通过劳动边际生产率与剩余劳动力之间的工资差额而获得进一步的潜在利润。这样，刘易斯将发展中国家的二元经济结构转型过程划分为前后相继的两个阶段：第一阶段为劳动力无限供给、现代部门不断扩张阶段。该阶段经济发展的一个最突出的标志就是劳动力从传统部门向现代部门转移的同时，传统部门的总产量并未受到影响。而后，边际生产率大于零但小于最低平均生活费用的那部分劳动力的转移，尽管会影响传统农业部门的总产量，但并不会导致现代部门工资水平的上升。第二阶段，劳动力有限供给、两部门工资水平趋于收敛阶段。这一阶段，由于传统部门的剩余劳动力已经被现代工业部门完全吸收，因而后者在增雇劳动力时就必须支付高于最低生活费用的工资，劳动的供求结构发生彻底改变，劳动力过剩现象不复存在，劳动力不足成为常态。这样，在竞争机制的影响下，劳动力的实际工资持续上升，而且传统部门的资本主义经营原则也开始确立，生产技术和经营管理的现代化特征逐渐形成。

客观而言，尽管刘易斯模型相关结论存在着"重工轻农"、容易导致城乡之间再次陷入失衡发展困境的可能，但其对于发展中国家的启示仍然具有较高实践意义。那就是，只有快速发展工业部门，才能为农业剩余劳动力的非农化转移创造条件，而后者恰恰是农业部门摆脱低水平发展循环的关键。

（三）费景汉—拉尼斯模型

费景汉和拉尼斯（Gustav Ranis and John C. H. Fei）在刘易斯模型的基础上[①]，对农业部门的剩余劳动力概念进行了重新界定。具体来说，费景汉和拉尼斯指出，在实际经济活动中，农业剩余劳动力并不是均质化的整体，其实应该由两部分差异化群体构成：其中一部分可称为"冗余劳动力"，其劳动边际生产率为零；另一部分可称为"伪装失业者"，其边际生产率大于零但小于不变制度工资水平。进而，费景汉和拉尼斯认为，城乡

---

① Gustav Ranis and John C. H. Fei. A theory of economic development [J]. The American Economic Review, 1961, 51 (4): 533 - 565.

二元结构转型需要相继历经如下三个阶段：第一阶段是"冗余劳动力"向城市工业部门转移阶段。这时农业总产量并不会因其外流而减少，农业部门的现行工资水平也不会因此发生变化。第二阶段是"伪装失业者"向现代工业部门转移阶段。这一阶段，由于"伪装失业者"的劳动边际生产率为正值，因而其就业转移将会导致农业部门产出下降。在以上两个阶段的临界点，如果农业平均剩余降至生计工资水平之下，农产品供给就将出现短缺危机。第三阶段是工业部门依据效率工资原则提高工资水平，导致农业劳动力中边际生产率高于不变制度工资者进一步流向现代工业部门的就业转换阶段。受这种劳动力转移的影响，农业部门也将过渡为商品化部门，传统的城乡二元经济结构将因此消失。

由上可见，费景汉—拉尼斯模型尽管与刘易斯模型的基本假设相近，但其研究内容和主题却较后者更为丰富，对发展中国家的启示意义也更为明显。一方面，克服了刘易斯模型"重工轻农"的错误倾向。费景汉和拉尼斯关于农业部门和工业部门平衡发展的建议，为发展中国家避免工农结构再失衡现象提供了重要理论支撑。另一方面，费景汉—拉尼斯模型关于技术进步的要素偏向性分析，由于更加符合发展中国家资本稀缺、劳动力丰裕的实际情况，因而其所建议的劳动偏向型技术进步路径，对实现最大产出与最大就业的相互协调，构成了颇具可行性的选择。

（四）乔根森模型

出于对古典主义二元经济模型的反思，在新古典主义框架下，乔根森（D. W. Jorgensen）在《过剩农业劳动力和两重经济发展》一文中集中探讨了工业部门增长与农业部门发展的内在关联[1]。乔根森模型假定如下：第一，传统农业部门没有资本积累，农业产出由劳动和土地两种要素的投入量所决定，生产函数具有收益递减特征；工业部门能够进行资本积累，土地的作用可以忽略不计，工业产出取决于资本和劳动两种要素的投入量。第二，两大部门劳动的边际生产率均为正值，工业部门工资由劳动的边际生产率所决定，农业部门工资由劳动的平均产品决定。第三，传统农

---

[1]　Jorgenson，D. W. Surplus Agricultural Labor and the Development of a Dual Economy [J]. Oxford Economic Papers，1967（19）.

业部门和现代工业部门的技术进步都是中性的，且二者的产出均随时间变化而单调递增。根据以上假定和严密的证明，乔根森提出了如下三个基本结论：

第一，农业剩余出现的前提在于农业产出增长率大于人口增长率。因为一旦出现相反情况，粮食短缺局面就将使社会生育率水平下降，社会中就不可能产生剩余劳动力。

第二，农业剩余的存在，决定着农业剩余劳动力的规模和工业部门的发展。只有在农业剩余出现的情况下，劳动力流出才不会压低传统农业部门的产出，也才有可能转化为现代工业部门的后备劳动力。显然，这部分劳动力的规模会随着农业剩余的增加而不断扩大。

第三，农业劳动力流向现代化工业部门的基本原因和目的，在于追求自身消费能力的提升和消费结构的升级。既然人们对粮食等农产品的需求总有其合理限度，那么在人均农产品产出超过人口增长上限条件下的农产品需求时，农业部门对劳动力的潜在需求就将下降，需要转移到工业部门以满足其对工业产品的进一步需求。

乔根森模型关于农业剩余决定农村剩余劳动力转移规模，并进而影响工业部门发展的论断，在相当大程度上强调了农业发展在发展中国家经济社会发展过程中的基础性作用，对发展中国家扭转现代化建设中过度倚重工业发展的错误倾向构成了颇有见地的理论提醒。

（五）托达罗模型

二元经济结构下农业剩余劳动力流向城市工业部门的原因何在？农业剩余劳动力的流动是否会导致城市失业率上升？对于这两个问题，在托达罗之前并未得到二元经济经典模型的重视。托达罗（Michael P. Todaro）自 1969 年开始，通过一系列学术论文，阐述了农业劳动力乡城迁移的发生和变化机制[①]。该模型主要包含如下三个基本结论：

第一，城乡预期收入差距是农业剩余劳动力向城市迁移的决定性因素。托达罗认为，在决定农村劳动力乡城迁移的因素中，城乡之间预期收

---

① Michael P. Todaro. A Model of Labor Migration and Urban Unemployment in Less Developed Countries [J]. The American Economic Review. 1969（1）：138－148.

入差距的影响要远远高于实际收入差距的影响。即使城市处于高失业率状态，只要预期收入大于农业收入与迁移成本之和，农业劳动力的乡城迁移行为仍然可能发生。

第二，在市场机制的作用下，以就业概率为中介，城市失业率存在着向均衡失业率水平收敛的趋势。托达罗认为，在二元经济国家的工业化初期，现代工业部门在其扩张过程中就业缺口的存在意味着乡城迁移劳动力城市就业概率的上升，加之工业部门较高工资水平的吸引，农业剩余劳动力流向城市工业部门的总量会随之不断扩大；反之，在工业化中后期，现代工业部门就业缺口和城乡工资差异缩小，会导致工业部门对于农业剩余劳动力的吸引力趋于下降。因而从长期看，城市失业率会稳定在一个特定水平之上。

第三，在农业部门中采用先进技术和大规模机械化经营，尽管会形成资本对农业劳动力的替代效应，但却并不必然引发农业劳动力更大规模地流向城市而加剧城市失业。其可行的思路就是政府在消除最低工资政策可能带来的不利影响、合理发展农业的同时，千方百计地盘活社会存量资本，使其更多地流向农村，为农村本地创造更多就业岗位，以此缓解流入人口上升所带来的城市就业压力。

托达罗模型的重要价值在于，它从农业剩余劳动力乡城迁移的微观决策机制入手，解释了城乡之间实际收入差异和城市就业概率两个变量动态变化可能产生的劳动力流动效应，并提出了通过加大农村就业岗位创造来降低城市就业压力的政策建议，这也是该模型无论在学界还是实践界能够赢得高度评价的重要原因。

二、国内代表性研究成果

新中国成立以来，我国城乡二元结构经历了一个"形成—固化—转型"的总体演变过程。在这一过程中，由于大国国情的特殊性，二元结构转型过程中所遇到的问题极其复杂，因而自20世纪80年代开始就吸引了大量国内学者的关注。不但如此，随着城乡二元结构转型进程的不断推进，相关研究成果还呈现出主题不断丰富化、视角日趋系统化、方法日渐实证化等特点。

（一）我国城乡二元结构成因研究

目前，国内学者对我国城乡二元结构成因问题的诸多研究成果中，唐寿春等（1988）和林毅夫等（1994）的"制度扭曲观"颇具代表性。其中，唐寿春等（1988）认为，以超经济强制手段将农业积累不断转化为工业投资的过程，就是城乡分化和分离的二元结构的形成过程①。林毅夫等（1994）更为直接地指出，重工业优先发展战略的选择及其配套性制度设计，构成了我国城乡二元经济结构形成的关键原因②。以上两种观点一经提出，就获得了学术界广泛认同，成为此后大多数学者分析我国城乡二元结构问题的基本出发点，并在承认其合理性的基础上，进行了更为丰富的成因探索。高帆等（2003）沿新兴古典经济学的基本思路，证明了城乡二元经济反差导源于分工演化和工农劳动生产率之间的差异③。谷慎等（2015）则认为，城乡分工水平的差异只是二元经济结构的直接成因，企业和市场发育程度的差异才是城乡二元经济结构产生的根本原因④。

（二）我国城乡二元结构的表现与特点研究

国务院发展研究中心课题组（2002）揭示，我国"三农"问题的困扰、城市化进程滞后、地区差距和收入差距的扩大，都是城乡二元经济结构的矛盾反映⑤。王国平（2010）指出，我国二元经济结构不但表现为城乡之间的二元结构差异，而且还衍生出了城郊二元结构和城市内部的二元结构，是一种典型的三重二元结构⑥。

与城乡二元经济结构研究并行，我国学术界早在 1988 年就提出了城

---

① 唐寿春，李善民. 论中国二元经济结构的历史成因与现实转换 [J]. 经济问题，1988（11）：2 - 7.

② 林毅夫，蔡昉，李周. 对赶超战略的反思 [J]. 战略与管理，1994（6）：1 - 12.

③ 高帆，秦占欣. 二元经济反差：一个新兴古典经济学的解释 [J]. 经济科学，2003（1）：97 - 103.

④ 谷慎，马敬彪，马翰墨. 中国城乡二元结构的转换途径——基于分工动态循环演进的视角 [J]. 审计与经济研究，2015（1）：83 - 92.

⑤ 国务院发展研究中心课题组. 中国经济的阶段性变化和面临的问题 [J]. 管理世界，2002（9）：3 - 17.

⑥ 王国平. 我国三重二元结构探源与治理路径 [J]. 毛泽东邓小平理论研究，2010（5）：52 - 57，78，86.

乡二元社会结构这一学术概念，用以揭示城市社会与农村社会的分割状态[①]。此后，郭书田等（1990）就二元社会结构的概念和成因进行了梳理[②]；刘小平（1991）对二元社会结构的不利影响以及改革措施进行了初步讨论[③]；刘应杰（1996）则首次对我国城乡二元经济结构与二元社会结构的关系进行了具体研究，认为中国落后的二元经济结构在特定的工业化发展战略和资金积累模式下，必然导致二元社会结构；反之，二元社会结构的形成又进一步强化了二元经济结构，造成了二元经济结构同二元社会结构并存的状态[④]。李实等（2007）的研究结果显示，如果将城镇居民享受的隐性补贴（如医疗、教育、社会保障等）经过货币化处理，那么城乡居民的收入差距将比官方数据高出近40％[⑤]。此后，学者们相继围绕城乡二元社会结构下的农民社会保障问题[⑥]、社会稳定问题[⑦][⑧]、农民工社会权益问题[⑨]、社会治理问题[⑩]、城乡二元社会结构转型与乡村振兴的耦合关系[⑪]进行了专题性的深入研究，使得城乡二元社会结构的理论解释力变得愈加显著。

（三）我国城乡二元结构影响研究

从经济增长方面的影响看，刘元春（2003）的研究表明，我国二元经济转型带动了产业结构升级，后者对经济增长质量的改善、经济增长的边际贡献均高于渐进式经济制度变迁的贡献，并认为未来经济改革的核心应

---

① 刘纯彬. 理顺城乡关系的关键是走出二元社会结构 [J]. 瞭望周刊，1988（24）：46.

② 郭书田、刘纯彬等. 失衡的中国 [M]. 石家庄：河北人民出版社，1990.

③ 刘小平. 二元社会结构需要改革 [J]. 齐鲁学刊，1991（3）：65－67.

④ 刘应杰. 中国城乡关系演变的历史分析 [J]. 当代中国史研究，1996（2）：1－10.

⑤ 李实，罗楚亮. 中国城乡居民收入差距的重新估计 [J]. 北京大学学报（哲学社会科学版），2007（2）：111－120.

⑥ 赵丽欣. 城乡二元社会结构下农民弱势状况分析 [J]. 河北师范大学学报（哲学社会科学版），2002（6）：14－17.

⑦ 楚成亚. 二元社会结构与政治稳定 [J]. 当代世界社会主义问题，2003（4）：28－34.

⑧ 钟宁，赵连章. 城乡社会结构变化与社会不稳定的内生性原因 [J]. 东北师大学报（哲学社会科学版），2013（6）：16－19.

⑨ 李强. 农民工与中国社会分层 [M]. 北京：社会文献出版社，2004.

⑩ 杜伟，张异香. 城乡二元社会结构探析 [J]. 山西财经大学学报，2010（S2）：40－41，43.

⑪ 王成礼，薛峰. 城乡二元社会解构与乡村振兴的耦合 [J]. 河南社会科学，2018（6）：13－18.

该在于以二元经济转型为主导的产业结构调整①。王海军等（2010）的研究成果显示，无论是从长期角度还是短期角度看，中国二元经济结构演变与经济增长均呈动态均衡关系，农业比较劳动生产率、二元对比系数与经济增长均呈现出显著的负相关关系②。

从经济发展方面的影响看，王检贵（2002）指出，我国城乡二元经济结构直接造成了要素市场的分割性，由此导致传统部门劳动力无法与现代部门的资本形成有效配合，进而导致了我国劳动与资本的双重过剩局面③。柏培文等（2019）则就二元经济格局下农业与非农业部门之间的要素错配程度及其对收入分配差距的影响进行了深度解析④。夏绪梅（2004）和高帆（2005）的研究同时表明，我国城乡二元结构的存在，是城乡居民收入差距和消费差距的重要决定因素⑤⑥。

（四）我国城乡二元结构转型问题研究

截至目前，学者们已经就城乡二元结构转型对于我国现代化建设的重要意义达成了共识，并围绕农业劳动力转移与城镇化建设、二元制度变迁、城乡要素流动等三个主要路径开展了大量研究。

在劳动力转移和城镇化路径研究方面：陈吉元等（1991）对我国农业剩余劳动力转移的方式、经济效益、影响因素和调控策略进行了系统分析⑦。赵显洲（2010）、周丽萍（2013）着重分析了我国产业结构变动与农业剩余劳动力转移的依存关系，农业经营的组织制度创新与农业剩余劳动力供需变化的关系，以及城镇化、服务业发展与农业剩余劳动力吸收与

---

① 刘元春. 经济制度变革还是产业结构升级——论中国经济增长的核心源泉及其未来改革的重心 [J]. 中国工业经济，2003（9）：5-13.

② 王海军，张岿. 中国二元经济结构演变与经济增长的实证分析 [J]. 经济与管理，2010（5）：5-10.

③ 王检贵. 劳动与资本双重过剩下的经济发展 [M]. 上海：上海三联书店、上海人民出版社，2002.

④ 柏培文，杨志才. 中国二元经济的要素错配与收入分配格局 [J]. 经济学（季刊），2019（2）：639-660.

⑤ 夏绪梅. 二元经济结构下的城乡居民收入消费水平的区域差异分析 [J]. 西北大学学报（哲学社会科学版），2004（5）：40-44.

⑥ 高帆. 论二元经济结构的转化趋向 [J]. 经济研究，2005（9）：91-102.

⑦ 陈吉元. 论中国农业剩余劳动力转移：农业现代化的必由之路 [M]. 北京：经济管理出版社，1991.

转移的关系①②。程名望（2007）细致刻画了中国农业劳动力转移的原因、内在机理，并对其面临的转移障碍进行了系统识别③。徐世江（2014）系统分析了农业转移人口市民化意愿与市民化能力之间的矛盾、地方政府城市化动力与农业转移人口市民化需求之间的矛盾，以及农业转移人口市民化的社会收益与社会成本分担之间的矛盾④。

在制度变迁路径研究方面：张桂文（2001）将二元经济结构的形成和转换同我国发展战略转变、经济体制变迁结合起来，阐述了我国二元经济结构的演变历史和转化特征，明确指出了制度创新之于城乡二元结构转换的现实意义⑤。文峰（2008）阐述了在中国城乡二元经济结构转换过程中，制度变迁较之于资本积累和技术进步的先导地位，并在就业制度、户籍制度、社会保障制度、财政与金融制度的适应性变迁等方面提出了系统的政策建议⑥。高帆（2007、2012）沿分工演进逻辑，就城乡二元结构的产生原因和转化趋势进行了专门分析，突出强调了制度变迁对于降低交易成本、提高交易效率，进而对于我国城乡二元结构转型的重要作用⑦⑧。

在城乡要素流动方面，谢培秀（2008）依据对我国"三农"问题的突出表现和城乡关系变化的新特点的判断，提出了通过城乡生产要素流动和优化配置入手加速城乡二元经济结构转型的基本思路⑨。张志强等（2008）运用新古典经济学技术，专门探讨了土地要素流动对我国城乡二

① 赵显洲．中国农业剩余劳动力转移问题研究—以产业结构变动为主线［M］．北京：经济科学出版社，2010．
② 周丽萍．基于产业结构演进的农业剩余劳动力转移与就业研究［M］．北京：中国农业出版社，2013．
③ 程名望．中国农村劳动力转移：机理、动因与障碍［D］．上海：上海交通大学，2007．
④ 徐世江．农业转移人口市民化的多重矛盾及其破解思路［J］．辽宁大学学报（哲学社会科学版），2014（3）：25－32．
⑤ 张桂文．中国二元经济结构转换研究［M］．北京：经济科学出版社，2001．
⑥ 文峰．制度变迁与中国二元经济结构转换研究［M］．北京：经济科学出版社，2008．
⑦ 高帆．交易效率、分工演进与二元经济结构转化［M］．上海：上海三联书店，2007．
⑧ 高帆．中国城乡二元经济结构转化：理论阐释与实证分析［M］．上海：上海三联书店，2012．
⑨ 谢培秀．城乡要素流动和中国二元经济结构转换［M］．北京：中国经济出版社，2008．

元结构转换的影响①。王颂吉等（2013）的实证研究结果显示，优化劳动力和资本的城乡配置，是加快城乡二元结构转型的重要途径②。林晨（2018）证明，在技术进步不平衡前提下，显性或隐性的要素流动限制和农产品价格管制将会导致二元经济结构进一步加剧，从而反向揭示了促进城乡要素自由流动对弱化二元经济结构的现实意义③。

第三节　总结性评价与理论启示

一、总结性评价

马克思曾经指出，"理论在一个国家实现的程度，总是决定于理论满足这个国家的需要的程度。"④ 国内对于各类经典能力理论和城乡二元结构理论的应用与拓展，恰恰体现了学界对国家现代化的理性审视和使命意识。1978 年改革开放政策的提出，标志着中国现代化进程开启了新的篇章，以农村改革为开端的经济转型帷幕正式拉开，身处这一宏观背景之下的社会成员、区域空间和经济社会组织也迎来了全新的发展动力与发展挑战。这种动力和挑战主要来源于两个层面：一是国家层面因宏观制度变迁而引发的经济社会活动外部条件（约束或激励）的变化⑤；二是同类主体层面在行动策略选择时，随竞争加剧而形成的脱颖而出的强烈意愿⑥⑦⑧。那么，经济社会主体如何才能更好地应对这些压力和挑战呢？个人发展能

----

① 张志强，高丹桂．论土地要素流动对二元经济结构转换的影响：一个土地、劳动力要素流动的二元经济模型 [J]．农村经济，2008（10）：23-24.

② 王颂吉，白永秀．城乡要素错配与中国二元经济结构转化滞后：理论与实证研究 [J]．中国工业经济，2013（7）：31-43.

③ 林晨．价格管制、要素流动限制与城乡二元经济——基于历史投入产出表的理论和实证研究 [J]．农业经济问题，2018（5）：70-79.

④ 马克思恩格斯选集：第1卷 [M]．北京：人民出版社，1995：11.

⑤ 高懿德，肖龙航．论当代中国社会结构转型对个人与社会发展的影响 [J]．山东社会科学，2003（2）：48-51.

⑥ 姚先国，郭继强．经济转型中的利益协调与利益补偿 [J]．浙江学刊，1996（5）：60-64.

⑦ 刘海潮，李垣．竞争压力、战略变化、企业绩效间的结构关系——我国转型经济背景下的研究 [J]．管理学报，2008（2）：282-287.

⑧ 厉敏萍，陈剑林．区域经济发展中的地方政府竞争与区域制度转型 [J]．现代经济探讨，2010（9）：28-31.

力理论、企业或组织发展能力理论、区域发展能力理论等相关领域的学者，通过深入的本土化规范分析和系统的实证分析，恰逢其时地提供了大量对策建议。不过我们还应看到，近年来各类中央文件中关于"三农"发展的目标呈现愈加清晰化趋势，但是在如何确保这些目标能够顺畅达成问题上，学术分歧仍然比比皆是。基于将农村自生发展能力理解为"三农"发展根本的广泛共识[1][2][3]，立足"三农"问题未解、"新三农"问题又生的客观现实，考察城乡二元结构转型（并非单纯的二元经济结构转型）对农村自生发展能力演化所产生的现实及潜在影响、探究城乡二元经济转型背景下农村自生发展能力培育路径的研究成果还非常少，亟待学术界以其为主题开展进一步的专题研究。

二、理论启示

（一）历史视角：城乡二元结构转型会对农村自生发展能力的演化产生显著的外部影响[4]

回顾新中国成立以来城乡关系史可以发现，城乡二元结构形成后通常会存在着一个固化期，即使在其进入转型阶段，因制度刚性的存在，其消解过程也需要国家自上而下地进行一系列制度安排的全面调整。根据本章前述文献可知，一个区域空间的自生发展能力既取决于自身的努力程度，也取决于其所处外部环境的变化。显而易见的是，我国农村发展恰恰是在城乡二元结构和二元制度体系不断变化的背景下展开的，其在产业资本、人力资本、发展政策等诸多方面，相较于城市系统而言一直处于相对短缺的状态，这就决定了农村系统在经济社会发展方面的"工具性"自由总是处于不足状态。如果说这种不足程度存在变化，那么其变化的程度和速度，首先取决于制度体系调整的程度和速度，以及制度体系调整后所带来

---

① 杨束芳，包桂英. 农村改革发展的关键——十七届三中全会视野下的农村党组织能力建设探究 [J]. 前沿，2009 (10)：99-102.

② 龙静云. 农民的发展能力与乡村美好生活——以乡村振兴为视角 [J]. 湖南师范大学社会科学学报，2019 (6)：46-55.

③ 李周. 乡村振兴战略下的现代农业发展 [J]. 东岳论丛，2020 (3)：29-36.

④ 本书将在后续章节对这一问题进行更为详细的论述。

的发展要素内外部供给格局的变化。简言之，城乡二元结构转型的进程会对农村自生发展能力的演化产生显著的外部影响。

（二）未来视角：城乡一元化发展与农村自生发展能力建构互为条件

新世纪以来，拉美国家纷纷陷入"中等收入陷阱"的事实表明，区域发展长期严重失衡条件下的国家现代化是一种"伪现代化"，甚至是一种危险的"现代化"，唯有城乡系统实现平衡性的一元化发展才意味着一国实现了真正意义上的现代化。反观己身，我国在具有突出"城市偏向性"特征的二元结构下[①]，城镇一端已经获得了空前发展，其繁荣程度并不弱于世界发达经济体。不过问题是，这种城镇系统的空前发展，是以超强度的"政策红利"支持以及农村发展要素由"乡"向"城"的单向度外流为代价而取得的[②]。可以想象，这种格局如果持续存在下去，必然意味着滞后发展的农村空间会在自强化机制的作用下，呈现进一步的相对衰落态势。改变这一格局的出路，首先要改变农村相对滞后的发展面貌，而做进一步思考后则会发现，农村滞后发展面貌的改变又绝对离不开其自身的努力和创造，离不开自身"造血"机制的生成，也即离不开对自生发展能力的建构与强化。一言以蔽之，未来我国城乡融合式的一体化发展同农村自生发展能力建构是一个互为约束、互为条件的社会行动过程。

第四节　本章小结

本章以自生发展能力和城乡二元结构为主题词，对国内外主流理论的沿革与现状、代表性研究成果的核心观点与理论建议进行了系统梳理，并分别以历史视角和未来视角概括了已有文献对本书的两点启示，即：一方面，从历史经验的视角看，城乡二元结构转型会对农村自生发展能力的演化产生显著的外部影响；另一方面，从未来视角看，城乡一元化发展与农村自生发展能力建构互为条件。

---

① 成德宁. 论城市偏向与农村贫困 [J]. 武汉大学学报（哲学社会科学版），2005（2）：255-260.

② 张桂文. 中国二元经济结构转换的政治经济学分析系 [M]. 北京：经济科学出版社，2011：108-126.

第三章

农村自生发展能力的理论框架

本章将在吸收现有理论研究成果的基础上，结合对我国城乡二元结构转型过程的理解，提出"农村自生发展能力"（rural viability）的概念，并进一步就农村自生发展能力的内涵、基本特征、构成、动力机制、测度与评价方法等问题进行系统化解读，试图改变该领域研究几近空白的现实，廓清农村可持续发展、可协同发展乃至可竞争性发展的客观基础之所在。

第一节　农村自生发展能力的内涵

一、农村自生发展能力概念的提出背景

自 1978 年改革开放以来，我国工业化和城市化进程已经取得了举世瞩目的成就。但是与此同时，我国农村地区发展相对滞后的格局却未能得到根本改变，全国发展不平衡不充分的问题在农村表现得也最为突出，发力推进农业农村现代化的历史任务已经不容推延。乡村振兴战略的提出，赋予了农村在新时代国民经济发展时序中的重要战略地位，同时也对农村发展提出了更高的建设标准。那么，如何才能从根本上改变农村落后面貌，使其能够保持长期而旺盛的发展活力呢？显然，单纯依靠政府力量的推动，既不可行，也注定不具可持续性；农村内部发展问题的长期解决，只能以农村内部的行为创新为前提，培育和壮大农村的自生发展能力，才是回答这一问题的关键所在。

将能力和区域发展相结合的思想，可以认为起源于西方的"新区域主义"，特别是 Maskell 等（1998）和 Martin 等（1998）的贡献。前者开创

性地提出了"地方化能力"概念①，而后者则使用"区域内生增长"和"本土化发展"概念，研究了区域经济增长的一般机制②。改革开放以来，我国各地（特别是落后地区）区域开发和转型升级的现代化建设需要，极大促进了区域发展能力构建问题的研究，学者们主要以西部地区、民族地区、贫困地区和农村地区为分析对象，贡献了大量研究成果。

近十余年来，农村自生发展能力问题引起了部分国内学者的散见性关注。苏基才（2007）指出，激发与再造农村自生能力是新农村建设的前提条件③，但却没有对农村自生能力的确切内涵、构成要素等问题开展深入讨论，相关结论也就因此而缺乏系统性。陈军民等（2008）建立了一个简明的农村自主发展能力的主体框架，在将其由低向高划分为农民个体、农民家庭和整个村庄的自主发展能力基础上，对提高三层次主体自主发展能力提出了简要建议④，但是由于没有对农村自主发展能力的构成及识别方法进行讨论，因此也就没有涉及农村自主发展能力的驱动力问题。综上所述，我国学术界对培育农村自生发展能力的必要性和迫切性已经达成高度共识，但是总体来说研究成果总量较少，相关的基础研究也不够深入，对农村自生发展能力的内涵、结构、动力机制、测度与评价等一系列问题的综合性分析仍然欠缺。

二、农村自生发展能力问题的概念

本书将"农村自生发展能力"的概念界定如下：所谓农村自生发展能力，就是农村空间在国家或本地宏观战略安排的约束或诱致下，无需各级政府超强度支持，就能够有效挖掘和利用自身发展潜力，完善或优化自身的应有功能，从而实现与城镇空间协同均衡发展甚至可竞争发展

① Maskell, P., Eskelinen, H., & Hannibalsson, I. Competitiveness, Localized Learning and Regional Development: Specialization and Prosperity in Small Open Economies [M]. London: Routledge, 1998.

② Ron Martin, Peter Sunley. Slow Convergence? The New Endogenous Growth Theory and Regional Development [J]. Economic Geography, 1998, 74 (3): 201 - 227.

③ 苏基才. 激发与再造农村自生能力是新农村建设的前提条件 [J]. 南方农村, 2007 (6): 24 - 28.

④ 陈军民. 贫困地区农村自主发展能力研究 [J]. 广西农业科学, 2008 (3): 409 - 412.

的能力①。

可以认为，农村自生发展能力的形成和持续强化，既是农村空间功能不断完善和优化的基础，也是农村空间的发展绩效逐渐向城镇系统的发展绩效收敛乃至实现超越的本源动力。原因在于：其一，农村发展是一个动态过程，其判断标准必然会随着社会生产力和生产关系的发展而有所调整，因此用同样具有动态特征的"能力"标准，才更易于全面表述并评价其所处的历史状态。其二，农村发展的实施主体是农民，实施空间是农村，只有让农民和农村自身具备且保持解决发展难题的能力（也即"自生能力"），才能切实保证各种发展行为的客观效果。毕竟，体外"输血"只能起一时之效，体内"造血"方可成一世之功。其三，作为一个自然空间体系和人文社会体系的复合系统，农村通常需要承载多元化的发展功能（如政治、经济、社会、文化、生态等），这就决定了农村发展必须体现为多元目标有序且一体化的突破过程，任何一方面的偏失或过度滞后，都会影响整个发展过程的总体推进质量与效率，使用"发展"这一综合性概念，才不至于陷入顾此失彼的困境。

第二节　农村自生发展能力的基本特征

一、内生性（endogenesis）

所谓内生性，是指农村自生发展能力是内生于农村空间，由农村各类经济社会活动主体为了全面改善自身生存与发展状态，自主与自发决定的产物，即主要依靠观念、精神、文化、知识、技术等因素的优化升级而获取的能力。换言之，农村自生发展能力应该是农村内部力量发挥关键作用的结果，是一种内部主观能动性主导之下的发展能力，而非主要来源于外部力量的支持或哺养。这样，农村自生发展能力一经形成，除非面临剧烈的外部扰动与冲击，否则就应该内蕴着自我强化（self-reinforcement）机制。

---

① 徐世江. 空心村滞后发展的自强化机制及其破解路径——自生发展能力视角的解读 [J]. 农业经济，2021（3）：34-36.

事实上，农村自生发展能力的自生性特征，同时也意味着农村经济社会活动主体及其结成的各类组织，可以对自身多元化需求的迫切性进行排序，并依据相应的排序结果，在不损害其他能力的情况下，对自生能力系统中各类子能力的建构过程进行"优先"或"劣后"排列，以求在特定时段完成最为迫切的行动任务。

二、环境依存性（environmental dependence）

内生性虽然强调农村自生发展能力的内发性和自主性，但并不意味这对外部环境的排斥性。事实上，现代经济体中的农村空间，总是同外界环境存在千丝万缕的联系，因而其发展能力必然会受到与其相关联的各种外部因素的影响，有些外部因素的影响甚至具有先导性或较强的约束性。在我国，体制因素和区划因素就是其中最为突出的两种外部要素。从体制背景看，农村自生发展能力就是一种基于农村部门和城市部门处于相对平等地位的发展环境之下的能力。近年来，学术界对我国城乡分割的二元经济体制及其影响的实证研究结果，基本一致性地显示了城市偏向政策对于城乡失衡的引致机理[1][2][3][4]。可以认为，如果农村一直处于城市偏向政策体系之中，其发展的弱势地位必将难以改变，自生发展能力的获取难题也难以破解，培育和壮大"农村自生发展能力"的宏观前提就是从根本上摒弃具有城市偏向性质的制度安排。另外，由于我国将国土空间划分为优化开发区域、重点开发区域、限制开发区域、禁止开发区域等四大主体功能区，因此个体农村的总体发展必然要受到其所处主体功能区的全面影响，其自生发展能力的内部构成也就有了优先序问题，因地制宜求发展应该是农村在宏观战略安排的约束或诱致下的最优策略。

---

① 陆铭，陈钊. 城市化、城市倾向的经济政策与城乡收入差距 [J]. 经济研究，2004（6）：50-58.

② 程开明. 从城市偏向到城乡统筹发展——城市偏向政策影响城乡差距的 Panel Data 证据 [J]. 经济学家，2008（3）：28-36.

③ 武小龙，刘祖云. 城乡差距的形成及其治理逻辑：理论分析与实证检验——基于城市偏向理论的视角 [J]. 江西财经大学学报，2013（4）：78-86.

④ 刘成奎，龚萍. 财政分权、地方政府城市偏向与城乡基本公共服务均等化 [J]. 广东财经大学学报，2014（4）：63-73.

三、兼容性（compatibility）

所谓兼容性，是指农村自生发展能力的最终确立，并不意味着不需要外部力量与要素的合理干预和有效介入；或者说，农村自生发展能力的形成，是农村内源性动力和外源性动力协同作用的结果。一方面，在农村发展严重滞后、自身各方面积累（如农民收入的积累、村集体收入的积累、产业投资的积累、基本公共产品与服务的积累、绿色生态元素的积累、传统文化元素的传承与积累等）明显不足的情况下，通过宏观制度创新、加速城乡要素有机融合等手段来激活农村的内部发展潜力，是农村摆脱历史锁定、由恶性循环转向良性循环必不可少的过程。比如，20世纪60年代以来法国"农村振兴计划"、德国"巴伐利亚试验"、韩国"新村运动"、日本"国民经济倍增计划"等，均是通过政府强力干预来增强农村自生发展的典型案例①。再比如，从世界范围看，在现代经济体系中，农业由于受自然条件的制约性较强、生产周期较长、农产品需求价格弹性较小等原因的影响而成为弱势产业，但考虑到农业农村的基础性地位和对社会稳定的重大意义，政府有必要给予适度政策支持。有资料显示，世界发达国家对于农业的支持力度非但不低，反而要远高于我国水平，日本、美国、欧盟的农业综合扶持率（PSE）分别高达75％、42％和48％②。有鉴于此，培育农村自生发展能力，并不排斥政府相关政策的扶持，甚至这种扶持还是必不可少的。可以认为，对于农业发展而言，只要不突破WTO组织"绿箱"规则的扶持政策，均未突破"超强度支持"的范围。

四、综合性（comprehensiveness）

所谓综合性，意指农村自生发展能力是一个包含了由多重能力复合而成的高层级能力，可以进一步分解为与"三农"发展密切相关的多元能力，是这些具体能力耦合反应的结果。因此，对于农村自生发展能力水平

---

① 蓝海涛，黄汉权. 新农村建设的国际经验与启示 [J]. 中国经贸导刊，2006（7）：18-20.
② 李广. 我国农业扶持政策的选择与对策 [J]. 南开经济研究，2005（5）：217-220.

的衡量，不能单纯使用经济增长指标加以测算。扩展来说，根据发展经济学的基本观点，经济增长只是经济发展的必要条件而非充分条件。经济发展是一个包含着经济增长、不平等状况和绝对贫困的消除、社会结构和公众观念的变化乃至于制度变化的多维过程①。而且，由于农村既是产业发展的空间载体，又是农民生存和发展的空间载体，是生产系统、生活系统、文化系统、生态系统、治理系统的综合体，那么农村自生发展能力就应该是一种涵盖了"增长"和"发展"诸多元素在内的综合能力，可能引致"有增长无发展"状态的能力绝非真正的发展能力。

五、动态性（dynamics）

所谓动态性，强调农村自生发展能力是一种动态演化且具有可持续性的发展能力，其强弱的变化不是单纯自然演化的结果，还需要人为控制或干预，而且在某一时点上其评价标准甚至可能需要进行适当调整。一方面，当代经济社会条件下的农村，已经由传统的封闭体系逐渐转化为开放体系，与城镇部门存在着千丝万缕的联系。这种联系既可能表现为产品供给和需求、劳动力迁入和迁出等方面的协调互促关系，也可能表现为对资源、市场乃至于制度需求的竞争关系。这样，城乡竞合关系因外部冲击而发生改变时，农村自生发展能力也可能伴随性地发生波动。另一方面，随着社会生产力和生产关系的变化，以及农村居民对于美好生活需求向更高层级的转变，农村自生发展能力的评价标准显然也会随之而改变。

六、收敛性（constringency）

所谓收敛性，是指因农村自生发展能力的变化所带来的发展绩效，或者说在某一时段内"三农"发展水平的变化，应该存在着一个由弱到强、逐渐向城镇综合发展水平收敛乃至超越的趋势。这样，农村自生发展能力究竟处于何种状态，应该由农村部门与城镇部门协调发展的水平或可竞争

---

① 迈克尔 P. 托达罗，斯蒂芬 C. 史密斯. 发展经济学（第 11 版）[M]. 聂巧平，程晶蓉，汪小雯，等，译. 北京：机械工业出版社，2014：11.

发展水平加以判断。如果在无需国家或地区政府超强度支持的条件下，农村部门的各类主要发展指标逐渐向城镇部门的高水平标准收敛甚至超越，而且这种态势可以长期持续，那么这种发展能力就处于不断提升状态；反之，如果农村部门的各类主要发展指标尽管有所改善，但却没有实现向城市部门的高水平收敛，那么农村自生发展能力显然可以理解为处于停滞或恶化状态。

第三节　农村自生发展能力的构成

其实，按照不同的逻辑，农村自生发展能力所包含的内容可以有多重划定方式。比如，如果从农村经济社会活动主体出发，那么农村自生发展能力可以分解为农民发展能力、经济组织发展能力、治理组织发展能力等；如果从发展角度出发，那么农村自生发展能力又可分解为自然资本积累能力、生产资本积累能力、人力资本积累能力、社会资本积累能力、技术进步能力等。

本书倾向于从农村自生发展能力所引发的农村功能的变化角度，对其进行系统解构。事实上，作为自然地理空间和人文社会活动空间的复合体，农村的功能至少可以划分为两类：第一类是农村一经出现就已具备，呈自然属性的"生存承载"（survival supporting）功能，即借助于区域内的自然环境之力，通过生产活动来维持居民生存繁衍的功能；第二类是呼应国家或地区总体战略安排以及生产力和生产关系之间关系变化而产生的，具有社会属性或反映社会进步烙印的"发展承载"（development supporting）功能。

新中国成立后尤其是改革开放以来，我国总体生产力水平已经得到显著提高，未来的现代化强国（而不是单纯工业化强国）之路，需要农村与城镇实现共同现代化，需要二者在融合中实现协同发展。与此同时，我国农村地区经过漫长的历史积淀和改革开放以来的连续积累，已经内蕴了生存承载功能完善化和发展承载功能多元化的潜在条件，完全可以在国家战略的强力推动下，形成更为强大的国家现代化支持能力。基于以上考虑，依循"目标—制度—产业—功能—绩效"框架，可以认为农村自生发展能力至少应该聚合以下四类子能力①。

一、产业发展能力

所谓产业发展能力（industrial development capability），就是以挖掘农村内部生产要素潜在经济价值为基础，以合理配置、高效利用村庄内外部资源为基本手段，以农业现代化和一二三产业协调发展为基本方向，推动农村产业发展、拉动农村经济增长的能力。

产业发展是区域经济增长的基础，而后者又是区域发展的必要条件，这一结论对于农村空间同样适用。原因在于，产业发展一方面可以为提高村庄基本公共服务的供给水平创造经济基础，间接服务于村庄人居环境的改善和农民的发展；与此同时，产业发展又可以通过需求引致机制，为村庄内各种生产要素的充分利用创造条件，从而间接减缓劳动力和资金的外流问题。循此逻辑，具有自生发展能力的农村，必须内化为以自身力量为主导的产业发展能力。

具体来说，产业发展能力又可以分解为生产要素动员能力和生产要素整合能力。其中，生产要素的动员能力，强调充分挖掘现有生产要素（包括闲置或错配要素）的潜在价值，以农村内部的体制机制创新为基础，按照现代经济发展规律的客观要求，实现合理配置和高效利用，使其在产业孕育、发展以及转型升级过程中，发挥新功能，形成新动力。而生产要素整合能力强调的是，在及时锚定或调整产业发展目标的同时，顺应城乡融合发展的大趋势，以开放性发展和可竞争性发展为导向，通过内引外联，主动吸引各类优质外部要素的有效进入，并将其同内部要素按合理比例，置入有利于村庄长期发展的产业组织，形成集聚效应，确立地区竞争格局下的比较优势乃至绝对优势。

二、社会治理能力

所谓社会治理能力（social governance capability），就是规范乡村秩

---

① 本节后续部分内容转引自作者本人 2021 年已发表成果。参见徐世江. 空心村滞后发展的自强化机制及其破解路径——自生发展能力视角的解读［J］. 农业经济，2021（3）：34－36.

序，表达、维护和增进村民合法权益，促进村庄文明进取、和谐稳定的能力。

以制度（正式制度和非正式制度）为基础的治理环境是区域发展的前置条件。农村的全面发展，既离不开国家和地方各类制度安排的统筹协调，更离不开内部行为秩序对相关利益主体的行为规范。具体来说，乡村治理能力主要体现在如下三个方面：其一是农村内部具备较强的外部制度感知、理解与解释能力，以便村庄内各类主体明确了解外部制度（或制度创新）的本质意图，进而顺应制度环境的变化，灵活调整和优化自身行为模式，理性地将潜在发展机遇转化为现实的发展行动；其二是面向农村内部的制度解释能力和面向高层级政府部门的制度需求表达能力，以便获取来自于高层级政府制度创新带来的利益；其三是需要农村内部具备较强的制度自供给能力（也即制度生产能力），以便切实规范各类经济和社会主体的生产、生活行为，降低负外部行为的发生概率，有效增进全体居民的总体福利水平。

三、基本公共服务自供给能力

基本公共服务自供给能力（self-supply capability of basic public service），就是农村地区面向村庄生产和生活发展的需要，以可支配和可动员资源为依托，主动或主导基本公共服务供给过程，改善村庄自然、生产、生活、文化等方面环境的能力。

基本公共服务的完善程度，是衡量一个地区现代化程度的重要标志。多年来，我国农村地区无论是生产性基本公共服务的短缺还是生活性基本公共服务的短缺，一直是城乡差别的主要表现和制约农村发展的重要原因之一[1][2][3][4]。可以认为，如果基本公共服务的供给短板不能及时补齐，或

---

① 王翠芳. 试探新农村建设中城乡基本公共服务均等化问题 [J]. 经济问题，2007（5）：82-84.

② 史中翮. 中国农村公共物品供求失衡问题及对策 [D]. 长春：吉林大学，2009.

③ 何卫平. 空壳化背景下农村公共产品的供给困境及出路 [J]. 西华大学学报（哲学社会科学版），2013（4）：92-95.

④ 高帆. 新时代我国城乡差距的内涵转换及其政治经济学阐释 [J]. 西北大学学报（哲学社会科学版），2018（4）：5-16.

是无法全面满足产业发展和居民个人发展的需要，农村对发展要素的集聚效应也就无从谈起，总体落后格局自然无法打破。反之，抛开生产性基本公共服务对于生产发展的基础性作用不谈，包括但不限于教育、医疗卫生、福利性养老、文化娱乐等一系列生活性基本公共服务能力的形成，会显著提升村内居民的生活品质和生存福利，加速提升农村内部人力资本存量的增长，使其产生更强烈的获得感和幸福感，从而真实优化以人的发展为终极目标的农村社会功能。

当然，在研究农村基本公共服务供给问题时，尽管生态环境和本地优秀传统文化因素经常被学者们所忽略，但是其对于农村生产发展和农民生活质量的提升作用却是异常显著的。从区域功能角度看，农村与城镇最基础的差别，通常表现在自然生态环境的差别和本土文化基础的差别，如果这两个差别消失，农村也就失去了固有的特色和风貌。事实证明，以生态和居住环境恶化为代价换取经济收入增长，不但会形成农村生产要素外流的"推力"，而且会反过来抑制低碳、绿色产业的进入，使农村内部陷入生态恶性循环圈。因此，从生态系统的承载力视角看，农村自生发展能力必须表现为对生态环境进行充分养育的自觉性与主动性，表现为对本地生态系统内自然要素的非破坏性开发与利用，并以其为基础实现人与自然的和谐共生。

另外，作为人口总量和传统文化意义上的农业大国，农耕文明和与之相互彰显的中华优秀传统文化，在农村得到了长期传承。但是，受现代经济进程加快、人口城镇化进程加速以及外来文化的冲击，农村内部民间优秀传统文化显得非常脆弱[1]，诸多历史记忆和文化遗存逐渐被遗忘、遗弃甚至破坏，与邻为善、崇贤尚德、诚实守信等优秀民俗民风逐渐被淡忘，物质和非物质文化遗产传承面临重重困境，导致农村居民的生活方式日渐失去了其固有特色。因此，从农村传统生产生活方式的自我维系诉求角度看，农村自生发展能力又必须内嵌着对本地优秀传统文化的自我尊重和主动传承，内嵌着对村庄独特历史文化的全面弘扬与合理

---

① 王艳，淳悦峻．城镇化进程中农村优秀传统文化保护与开发问题刍议［J］．山东社会科学，2014（6）：103－106．

利用。

四、农民个人发展能力

所谓农民个人发展能力（individual development capacity of farmers），就是农民或农户在经济社会和科学技术发展的特定阶段，通过行为观念与行为模式的适应性调整来提高人力资本存量，进而向自身生产和生活目标不断趋近的能力。

人类历史表明，经济发展与人的发展从来就是彼此联系、相辅相成、相互制约的[①]。如果不能将本地居民同时视为区域发展的主要参与者和受益者，那么区域发展也就失去了最本源的动力支持[②③]。同理，既然乡村振兴和长期发展的主体在于人，那么脱离了农民个人发展能力不断提升的支持，农村自生发展能力的形成也必然陷入无本、无源的窘境。为此，将农民的个人发展能力列入农村自生发展能力系统之中，就是题中应有之义。事实上，在发展过程中时刻关注农民个人发展能力的提升，不但可以促成农民人力资本存量的增长和思想观念的积极变化，而且可以助力农村的经济和社会建设，推动农村综合发展能力的进一步提升。

第四节　农村自生发展能力的动力及其作用机制

农村自生发展能力的形成和强化，是各类经济社会主体共同参与的结果，因此厘清每一类参与主体的行动和贡献，也就明晰了农村自生发展能力形成和强化的动力机制（图 3-1）。

---

① 张登巧. 发展市场经济与增强人的主体意识 [J]. 西南师范大学学报（哲学社会科学版），1999（3）：54-57.

② 张环宙，黄超超，周永广. 内生式发展模式研究综述 [J]. 浙江大学学报（人文社会科学版），2007（2）：61-68.

③ 张文明，腾艳华. 新型城镇化：农村内生发展的理论解读 [J]. 华东师范大学学报（哲学社会科学版），2013（6）：86-92，151.

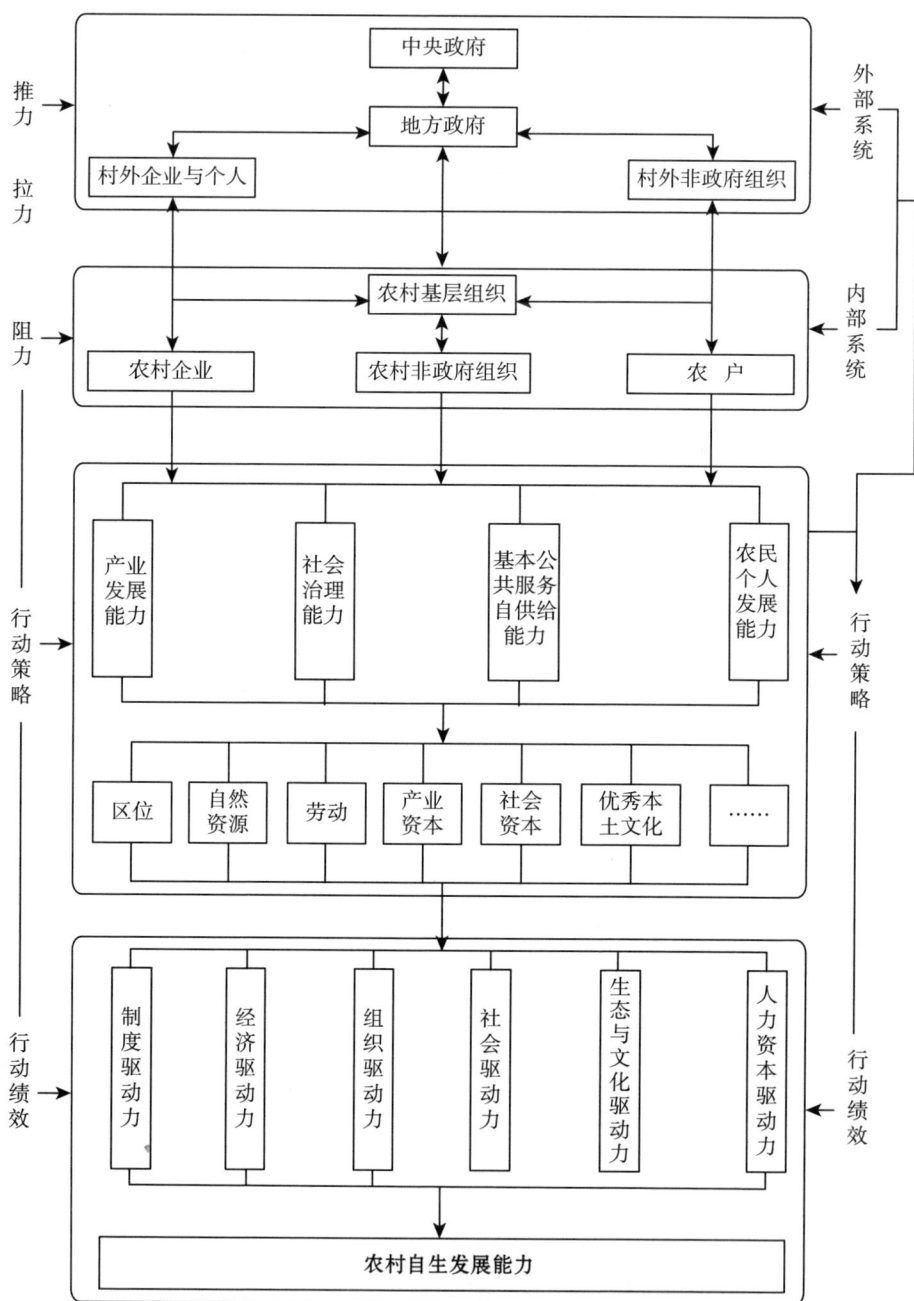

图 3-1　农村自生发展能力演化的动力机制示意图

一、外部动力及其作用机制

政府组织（具体可分解为地方政府和中央政府）、涉农涉村企业（或自然人）和非政府组织共同构成了农村自生发展能力的外部动力系统，其在农村自生发展能力演化过程中的积极作用可概括如下：

第一，各级地方政府根据高层级政府和中央政府关于农村经济社会发展总体战略安排，向下传递或向上反馈制度信号，为农村发展打造外部制度环境和市场环境，组织和提供财力支持，指导或考核农村发展实践，发动和引导发展资源流向农村，弥补村庄要素短板并参与村庄要素动员和整合行动，为村庄发展提供外部"推力"或"拉力"。

第二，作为农村自生发展的潜在受益者，外部企业、个人以及非政府组织，基于自身"成本—收益"权衡后，作为农村经济社会发展的外来参与者，将产业资本、社会资本以及先进的知识、技术、信息、创意等要素，主动投入农村，在此过程中直接或间接地在经济、社会、生态、文化等各个领域发挥拉动效应。

当然，无论是从理论角度还是从来自于地方实践的经验教训角度看，外部动力系统在参与农村发展的过程中，其所发挥的推动效应和拉动效应并不一定总是正向的，其阻力效应同样可能发生。比如，政府部门不正当干预市场、强制性推行错误决策、违背农民发展意愿或"与农争利"行为，均可能成为延缓甚至阻碍农村自生发展能力提升的阻力。类似地，外部企业或个人投资农业农村时，如果以"攫取"经济剩余为根本目标，那么其各种逐利行为就极易透支或耗散农村本地的非经济资源，妨碍抑或阻断农村可持续发展动能的良性循环过程。

二、内部动力系统及其作用机制

以村"两委"和村民代表大会为主体的村级基层政权组织（包括由村集体出资或控股的各类集体资产管理公司）、非政府组织（如各类新型农业经营主体和村民自组织等）、村内企业以及农村居民共同构成了农村自生发展能力演化的域内动力系统。

在比较理想的状态下，上述主体对农村自生发展能力的作用机制可简单概括如下：其一，村级基层政权组织在这一系统中居于核心地位，通过与非政府组织、村内企业和农户的充分协调，合理使用村集体积累、财政转移收入和外部捐赠财物，为村庄全面发展提供制度规范、公共产品和服务。其二，作为根植于农村的市场化经济主体，村内企业在挖掘村庄生产潜能、整合内外要素、为村集体提供经济积累、为农户提供就业岗位和收入等方面具有显见的促进作用。其三，非政府组织是村庄治理或生产活动的重要补充，既可以承担整合农户生产经营、消减市场风险的功能，也可以承担表达农村合理诉求、维护农民合法权益，为农户提供新知识、新技术、新观念、新风尚，开展生态环境整治和本土优秀文化传承等功能。其四，农户作为村庄最基本的经济社会活动单位，可以通过不断提升自身人力资本水平、提高自身综合素养、自主传承传统文化等途径，为村庄整体发展提供人力支撑。

三、内部动力系统和外部动力系统的联动及其作用机制

村庄内部系统和外部系统中的各类主体，根据制度环境变化和二者的双向反馈，不断纠错和调整自身行为模式，就可以建立起动态的良性互适机制，培育或强化农村自生发展能力系统下的每一项子能力，并因此为村庄长期发展提供制度驱动力、组织驱动力、经济驱动力、社会驱动力、生态和文化驱动力、人力资本与观念驱动力，使农村综合发展能力在更高水平上不断升华。反之，如果两个系统中的各类主体，在参与农村经济社会活动过程中并未形成良性反馈机制，未能有效阻止自身或其他主体有损农村全面、协调、可持续发展的行为，那么农村自生发展能力的演化就可能出现延缓、停滞甚至衰退的不利后果。

综上，如果我们记指数化的农村自生发展能力为 V_R、各项子能力（也可以定义为与各项子能力对应的四项发展驱动力）为 $P_i(i=1, 2, \cdots, 4)$，并记各项子能力关于 V_R 的弹性系数为 $\beta_i(i=1, 2, \cdots, 4)$，则可以得到如下农村自生发展能力函数：

$$V_R = f(P_i)\prod_{i=1}^{4} P_i^{\beta_i} = P_1^{\beta_1} \cdot P_2^{\beta_2} \cdot P_3^{\beta_3} \cdot P_4^{\beta_4} \qquad (3-1)$$

在农村自生发展能力动力机制不断完善和优化的情况下，应该有下述联立式成立：

$$
\begin{cases}
\dfrac{\partial V_R}{\partial P_i} \geqslant 0 \\[2mm]
\dfrac{\partial^2 V_R}{\partial P_i \partial P_{-i}} \geqslant 0 \\[2mm]
\dfrac{dV_R}{dt} \geqslant 0
\end{cases}
\tag{3-2}
$$

如果类似地设指数化的城镇综合发展能力为 V_U，若 V_R/V_U 不断向数值"1"收敛甚至大于"1"，则表明农村自生发展能力的真正形成或是正处于良性的自强化过程之中；反之，如果 V_R/V_U 数值不变或不断变小，则意味着农村自生发展能力处于停滞或恶性状态。

第五节　农村自生发展能力的测度与评价

一、农村自生发展能力评价指标体系基本框架

无须赘述，农村自生发展能力是一个全面的能力系统，在这一系统下，各种能力的形成和强化，都是农村自生发展能力全面形成与强化的重要保障；反之，强大的农村自生发展能力，又必然通过各种能力的强弱得以显现。据此，可以建立乡村自生发展能力指标体系的基本框架，如图 3-2 所示。

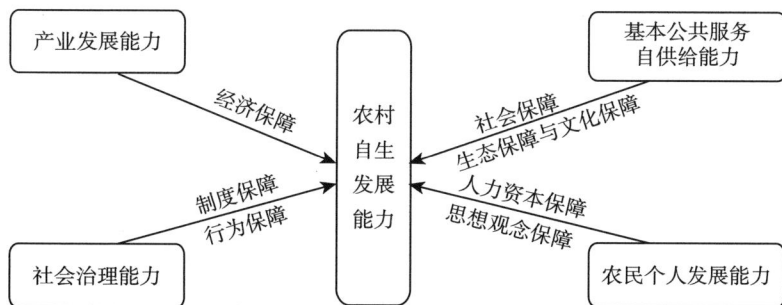

图 3-2　农村自生发展能力评价指标体系基本框架示意图

二、农村自生发展能力评价指标

依据前述分析，基于全面性、客观性、代表性、动态可比较性的原则，根据农村自生发展能力的解构结果，可以构建农村自生发展能力评价指标体系（表3－1）。其中：目标层即为农村自生发展能力；准则层共包括产业发展能力（A）、社会治理能力（B）、基本公共服务自供给能力（C）和农民个人发展能力（D）等四项内容；指标层共涵盖55个变量，以其识别准则层四类能力的基本情况。具体来说：

（1）产业发展能力（A）可以通过15个指标（A1～A15）加以考察。其中：A1～A8综合反映农村产业发展的基础能力，也即生产要素动员和整合能力；A1～A4反映村庄对于村内外劳动、技术、土地的动员与整合情况；A5～A8直接反映村庄对于村内外资本的动员利用情况，并间接反映村庄对信息、技术、管理等要素的动员利用情况；A9～A15综合反映农村产业发展状况——A9～A12显示农业的规模化、品牌化和特色化水平，A13～A14显示非农产业或涉农产业的发展状况，A15则显示劳动生产率的变化。

（2）乡村治理能力（B）可以通过10个指标（B1～B10）进行判断。其中：B1～B4用以判断乡村基层组织成员的基本素质、对外部制度环境及其变化的理解能力；而B5～B10则用以判断农村制度的自供给能力。

（3）基本公共服务自供给能力（C）通过17个指标（C1～C17）加以识别。其中：C1用来判断村集体面向居民提供基本公共服务的经济保障能力；C2～D7用来判断公共产品的供给能力；C8～C12则用来判断村庄公共服务的供给能力；C13～C15用来考察农村生态环境养育与传统文化传承能力——C13可以衡量农村基本生态风貌，C14～C15可以衡量农村在生态环境治理方面所做出的努力；C16～C17可以衡量农村为提高优秀传统文化传承水平所做出的努力以及乡风文明程度。

（4）农民个人发展能力（D）主要通过8个指标（D1～D8）加以识别。其中：D1～D2可以识别农民平均人力资本状况；D3～D6可以识别农民的创收能力和经济积累能力；D7～D8则可以识别农民在新知识接触与学习、生活品质提升和健康维护等方面的个人努力情况。

表 3 - 1　农村自生发展能力指标评价体系

目标层	准则层	指标层及单位
农村自生发展能力	产业发展能力（A）	A1. 劳动力外出务工比例（％）；A2. 产业技术人员密度（％）；A3. 农民专业合作组织数量（个）；A4. 土地规模化利用率（％）；A5. 财政收入水平（万元/年）；A6. 金融吸收存款水平（万元/年）；A7. 人均固定资产投资（万元/年）；A8. 村外企业与个人固定资产投资（万元/年）；A9. 农业生产总值（万元）；A10. 品牌和特色农产品销售收入（万元）；A11. 农产品就地深加工率（％）；A12. 非农产业年生产总值（万元）；A13. 专业市场年交易额（万元）；A14. 规模以上企业占比（％）；A15. 人均产业增加值（万元/年）
	社会治理能力（B）	B1. 村两委成员平均受教育程度（年）；B2. 村民代表平均受教育程度（年）；B3. 村两委成员年平均接受培训时间（天）；B4. 各类专家年入村宣传/培训时间（小时）；B5. 村庄综合发展规划时间跨度（年）；B6. 村庄专项发展规划数（项）；B7. 村规村约数（项）；B8. 村民及村内组织决策参与度（％）；B9. 村级年度计划完成率（％）；B10. 村民自组织发育程度（农民参与率，％）
	基本公共服务自供给能力（C）	C1. 村集体经济收入占生产总值比重（％）；C2. 农业基础设施投入（万元）；C3. 村级公路网密度（m/km²）；C4. 生活垃圾和污水无害化处理率（％）；C5. 人均公共绿地面积（m²）；C6. 千人拥有公厕数量（座）；C7. 燃气、自来水普及率（％）；C8. 幼儿园及小学建设投入（万元/年）；C9. 福利性养老机构投入（万元/年）；C10. 村卫生所建设投入（万元/年）；C11. 村公共文化体育娱乐设施投入（万元/年）；C12. 村民救助支出（万元/年）；C13. 公共林地、湿地清理保护支出在村级支出中的占比（％）；C14. 文化体育演出人员数量（人）；C15. 各级非物质文化遗产传承人年培训量（人次/年）；C16. 治安与刑事案件发案率（‰）；C17. 民事纠纷发生率（‰）
	农民个人发展能力（D）	D1. 高中及高中以上人口比例（％）；D2. 接受过技术技能培训的劳动力比例（％）；D3. 人均可支配收入（万元/年）；D4. 人均工资性收入和财产性收入在可支配收入中的占比（％）；D5. 户均年存款额（万元）；D6. 人均交通通信支出在消费总支出中的占比（％）；D7. 人均教育文化娱乐消费支出在消费总支出中的占比（％）；D8. 人均医疗保健支出在消费总支出中的占比（％）

总之，本章公式（3-1）和表3-1提出了一个空间发展功能视角下农村自生发展能力的测度和评价指标体系建构思路。这一思路在实际应用时，显然需要考虑数据的可获得性、研究范围的差异性等现实因素的影响而有所取舍或扩展。当然，目前比较成熟、可以借鉴选择的测度与评价（或比较）方法主要包括向量自回归模型（VAR模型）、误差修正模型（ECM模型）、Logit及其扩展模型、差分方程及其扩展模型、因子分析模型、层次分析模型、耦合协调度模型、聚类分析方法、比较定性分析方法等。由于本书主题所限，在此不做进一步展开。

第六节　本章小结

本章在吸收现有理论研究成果合理成分的基础上，通过梳理我国农村内部基本特征和外部环境变化，总结并提出了"农村自生发展能力"（rural viability）的概念，并进一步就农村自生发展能力的基本特征、子能力构成、内外部动力及其对农村自生发展能力演化的影响机制、测度与评价方法等问题进行了系统化解读。其中，农村发展能力可概括为农村空间在国家或本地宏观战略安排的约束或诱致下，无需各级政府超强度支持，就能够有效挖掘和利用自身发展潜力，完善或优化自身的应有功能，从而实现与城镇空间协同均衡发展甚至可竞争发展的能力。农村自生发展能力具有内生性、环境依存性、兼容性、综合性、动态性和收敛性等六方面基本特征，由产业发展能力、社会治理能力、基本公共服务自供给能力和农民个人发展能力等四项子能力构成。农村自生发展能力的形成和强化，是各类经济社会主体共同参与、内部动力和外部动力联合推进的结果，可通过多重指标和多重方法进行测度与评价。

第四章

中国城乡二元结构的形成、演进及特征考察

本章将系统考察我国城乡二元结构的演变历程，依据二元对比系数的变化特点，将其划分为形成与强化、突破与转型两大时期，在此基础上将前一个时期划分为形成和强化两个阶段，将后一个时期划分为突破、反弹和缓解三个阶段。随后，通过细致分析每一个阶段的基本特点，进一步研究我国城乡二元结构的特殊性。

第一节 新中国城乡二元结构的形成

一、新中国城乡二元结构的形成原因与制度支持

（一）新中国城乡二元结构形成的战略原因

新中国成立前，我国经济社会已经呈现了部分城乡二元分化特征，具有分工自然演化的性质。但城乡二元分化特征的全面显现，则与新中国成立初期现代化路径的初始选择，也即重工业优先发展的赶超战略存在直接的因果关系。

众所周知，在以美国为首的西方国家的全面封锁下，刚刚取得民族独立的新中国为了获得长期经济独立和经济自由，唯有工业化一条道路可供选择，而优先发展重工业，又是保障未来轻工业能够获得精良装备的前提。故而，受苏联模式的影响，新中国成立初期迅速确立了重工业优先发展的赶超战略。不过，这一战略的落实却遇到了资金匮乏和资本存量不足的严重制约。为此，在旧社会遗留手工业短期内无法为资本高度密集的重工业提供巨量经济积累的情况下，借助于超经济的强制性制度安排，从空间广阔的农业部门汲取资金，就成为了当时特定历史条件约束下的最优解。

（二）新中国城乡二元结构形成的制度支持

1. 以农产品统购统销制度为核心的农业剩余转移机制

1953 年中共中央出台《关于实行粮食的计划收购与计划供应的决议》，统购统销政策正式确立，其覆盖范围之后又扩大到棉花、纱布和食油等领域。这一政策的出台，标志着农产品市场自由交易被全面取消，以其为核心的农业剩余转移体制开始走上新中国经济发展历史舞台，甚至一直执行到 1992 年底。相关数据显示：自 1953 年开始，中国农业剩余的工业化转移总量表现出明显的总体上升态势，1953 年这一数字为 67.4 亿元，1958 年首次突破 100 亿元（133.56 亿元），此后虽有波动，但却未降至 100 亿元以下；1970 年突破 200 亿元（203.92 亿元），1978 年更是达到 297.06 的历史高峰。从农业剩余转移总量在国民收入积累中的占比看，1953—1978 年间，除个别年份畸高（1962 年）外，该数值即使在最低的 1978 年仍然达到 27.3%，均值则达到了 43.15%①。另有数据显示，即使扣除财政用于农业的支出，这一期间农业资金净流出仍高达 4 407.6 亿元，平均每年达到 157.41 亿元②。

2. 以户籍制度为核心的就业和社会福利的城乡分割机制

在推动重工业优先发展的过程中，为了消除农村居民大量涌入可能导致的城市失业率和劳动力成本同时上升的不利影响，自 1956 年起，我国先后出台了《国务院关于防止农村人口盲目外流的指示》《关于制止农村人口盲目外流的指示》《国务院关于防止农村人口盲目外流的补充指示》等三部重要文件。其中，1958 年《中华人民共和国户口登记条例》的出台，则标志着具有城乡分割性质的户籍制度的正式形成。按照《中华人民共和国户口登记条例》的规定，居民户口性质被划分为"农业户口"和"非农业户口"，农民迁居城市的条件也受到严格限制，"公民由农村迁往城市，必须持有城市劳动部门的录用证明，学校的录取证明，或者城市户口登记机关的准予迁入的证明"。此后，与户籍制度相配套的城乡有别的就业、教育、医疗、住房、粮食和副食品供应、兵役、社会福利以及社会

---

① 转引自：张桂文.中国二元经济结构转换的政治经济学分析 [M].北京：经济科学出版社，2011：42.

② 苏明.国家与农民分配关系的历史考察 [J].中国农村经济，1991（4）：16-20.

保障制度陆续出台，形成了体系完整的城乡隔离机制。

3. 以政社合一制度为核心的农副产品交易成本控制机制

在收购价格明显低于销售价格的情况下，农副产品统购环节非常容易面临来自于广大农民的强烈抵触，甚至造成交易成本失控局面。为了解决这一难题，人民公社化制度逐渐形成并快速落地。有数据显示，截至1956年底，全国参加合作社的农户比例达到96.3%，其中加入高级社的农户也达到87.8%[①]，而1958年中共中央发布《关于在农村建立人民公社的决议》后，全国98%左右的农户加入人民公社，全国70余万个合作社合并为2.6万多个人民公社[②]。

人民公社采取政社合一模式——农村基层政权组织和农民集体经济组织合二为一，既承担基层社会管理职责，又承担经济建设职责。这种政社合一体制，将包括土地在内的所有农业生产资料完全收归集体所有，其使用权和收益分配权也高度集中在社队手中。其结果是将农民经济利益同自身劳动的必然关联进行了彻底分割，不但显著降低了农产品统购统销过程中的交易成本，而且有效压缩了农村社会震荡风险。

综上所述，新中国成立初期所确立的重工业优先发展战略，是基于民族独立和经济独立的短期需要，以及国家经济社会现代化的长期需要而作出的重大抉择。这一发展战略，在当时特定的历史环境下，有其合理性和必然性，但也面临着工业资本严重短缺的现实约束。为了从根本上解除这种约束条件的限制，以农产品统购统销制度为核心的农业剩余转移机制、以户籍制度为核心的城乡分割的就业和社会福利机制、以政社合一制度为核心的农副产品交易成本控制机制相继得到完善。三大机制最终确立的结果是：一方面完整架构了宏大的计划经济体制，并通过行政控制途径完成了其对市场自由调节机制的替代；另一方面，在纯粹计划经济体制内，生产要素在产业配置上实现了全面的工农分割，在区域配置上则实现了系统的城乡分割，城乡二元结构由此成为我国经济社会最基本、最典型的特征。

---

① 于洋. 经济转轨——中国的理论与实践［M］. 中国财政经济出版社，2002：11 - 12.

② 涂文涛. 对人民公社化的理论与实践的反思［J］. 毛泽东思想研究，2001（3）：113 - 114.

第二节　新中国城乡二元结构的
总体测度与阶段性演进

一、新中国城乡二元结构的总体测度

考察一国城乡二元结构的演化特点，可以采用多种数据指标进行定量分析，目前被普遍认可和广泛采用的指标主要包括二元对比系数、比较劳动生产率、城乡居民收入差距和城乡居民消费差距等。根据经典二元经济理论，城乡二元结构转型完成的最突出标志是农业剩余劳动力实现了向现代非农产业的彻底转移。如果农业剩余劳动力转移完毕，农业劳动的边际生产率与非农产业劳动的边际生产率就将趋于高水平收敛。因此，不失一般性，此处主要借助于比较劳动生产率和二元对比系数的变化，对中国城乡二元结构进行总体测度。

比较劳动生产率（comparative productivity）是特定经济部门产值比重与其劳动力比重的比值，可用下式计算：

$$CP_i = y_i / L_i \qquad (4-1)$$

式中，CP_i 为第 i 部门的比较劳动生产率，y_i 和 L_i 分别是第 i 部门产值在 GDP 中的比重和劳动力在全社会劳动力总量中所占的比重。显然，某一部门的产值比重越高、劳动力比重越低，则其比较劳动生产率就越高；反之，则反是。传统农业部门与非农业部门的比较劳动生产率的差距越大，则二元结构的强度就越高。

二元对比系数（dual contrast coefficient）是农业与非农业两个部门比较劳动生产率的比值。其计算公式为：

$$dual = \frac{CP_A}{CP_N} = \frac{y_A / L_A}{y_N / L_N} \qquad (4-2)$$

式中，$dual$ 为二元对比系数，下标 A 和 N 分别代表农业部门与非农业部门，其他符号含义与（4-1）式相同。二元对比系数与二元经济结构的强度呈反方向变动关系，其值越大，表明两部门之间的劳动生产率差距越小，二元经济结构的强度就越低。反之，则反是。理论上讲，二元对比系数介于 0 和 1 之间，如果其值等于 1，则意味着城乡二元结构实现了彻底的一元化转型。

表 4-1 显示了 1953 年以来我国农业部门和非农部门比较劳动生产率以及二元对比系数变化的总体情况。

表 4-1　我国农业和非农产业比较劳动生产率及二元对比系数变化（1953—2019 年）

年份	农业比较劳动生产率（CP_A）	非农产业比较劳动生产率（CP_N）	二元对比系数（$dual$）
1953	0.553	3.201	0.172 6
1954	0.548	3.221	0.170 3
1955	0.556	3.209	0.173 3
1956	0.536	2.992	0.183 5
1957	0.496	3.186	0.155 7
1958	0.586	1.578	0.371 1
1959	0.429	1.940	0.221 4
1960	0.356	2.236	0.159 1
1961	0.469	2.799	0.167 6
1962	0.480	3.388	0.141 6
1963	0.489	3.397	0.143 9
1964	0.467	3.456	0.135 1
1965	0.464	3.376	0.137 6
1966	0.461	3.377	0.136 6
1967	0.493	3.262	0.151 3
1968	0.517	3.158	0.163 6
1969	0.466	3.378	0.137 8
1970	0.436	3.370	0.129 3
1971	0.428	3.255	0.131 4
1972	0.417	3.128	0.131 1
1973	0.424	3.132	0.135 5
1974	0.434	3.030	0.143 1
1975	0.420	2.962	0.141 8
1976	0.433	2.775	0.155 9

（续）

年份	农业比较劳动生产率（CP_A）	非农产业比较劳动生产率（CP_N）	二元对比系数（dual）
1977	0.395	2.766	0.142 7
1978	0.400	2.434	0.164 3
1979	0.448	2.276	0.196 8
1980	0.439	2.231	0.196 9
1981	0.468	2.135	0.219 2
1982	0.490	2.088	0.234 8
1983	0.495	2.031	0.243 5
1984	0.502	1.885	0.266 3
1985	0.456	1.903	0.239 5
1986	0.437	1.879	0.232 3
1987	0.447	1.830	0.244 2
1988	0.433	1.826	0.237 3
1989	0.418	1.877	0.222 5
1990	0.451	1.827	0.247 0
1991	0.411	1.873	0.219 4
1992	0.373	1.885	0.197 6
1993	0.349	1.842	0.189 8
1994	0.364	1.756	0.207 3
1995	0.381	1.677	0.227 0
1996	0.390	1.622	0.240 3
1997	0.367	1.631	0.224 7
1998	0.353	1.642	0.214 7
1999	0.329	1.674	0.196 4
2000	0.301	1.699	0.177 3
2001	0.288	1.712	0.168 1
2002	0.275	1.725	0.159 3
2003	0.261	1.713	0.152 1

（续）

年份	农业比较劳动生产率（CP_A）	非农产业比较劳动生产率（CP_N）	二元对比系数（$dual$）
2004	0.286	1.631	0.175 1
2005	0.272	1.591	0.171 2
2006	0.265	1.545	0.171 7
2007	0.273	1.501	0.191 6
2008	0.286	1.468	0.194 5
2009	0.275	1.420	0.193 8
2010	0.275	1.404	0.196 0
2011	0.287	1.380	0.208 2
2012	0.301	1.339	0.224 5
2013	0.300	1.321	0.226 9
2014	0.311	1.228	0.241 2
2015	0.312	1.272	0.245 5
2016	0.309	1.275	0.242 2
2017	0.260	1.173	0.221 5
2018	0.276	1.257	0.219 2
2019	0.283	1.240	0.228 2

数据来源：1953—2008 年数据根据《新中国 60 年统计资料汇编》相关数据整理。参见：国家统计局国民经济综合统计司. 新中国 60 年统计资料汇编［M］. 北京：中国统计出版社，2010。2009—2019 年数据根据中国统计年鉴（历年）相关数据整理。

　　透过以上数据的历史变化可以发现，改革开放以来，在我国城乡二元结构的总体变动过程中，农业比较劳动生产率和二元对比系数的变化不容乐观。其中，二元对比系数虽然有所提高，但 2019 年数值也仅为 0.228 2，甚至低于 1988 年水平（0.237 3）；与此同时，农业比较劳动生产率反而呈现出了缓慢的下降态势，与一般趋势之间存在明显背离，其 2019 年数值（0.283）明显低于改革开放初期 1978 年水平（0.400），更是远低于 1984 年 0.502 的峰值水平，城乡产业发展不均衡问题还相当严重（图 4-1）。

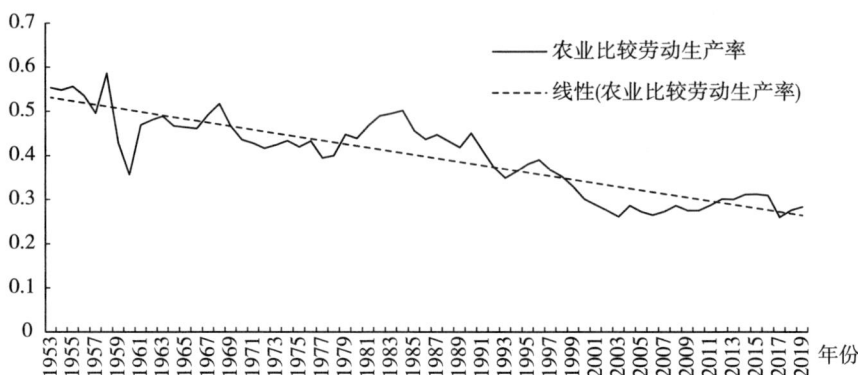

图 4-1　中国二元对比系数变化（1953—2019 年）

二、新中国城乡二元结构的阶段性演进

新中国成立 70 余年来，中国现代化发展的外部环境和基础条件不断发生变化，中央政府以务实权变的态度，从经济体制变迁和要素配置方式转换的主线出发，对城乡关系进行了数次调整，从而使得城乡二元结构的状态呈现出一种历史波动过程。利用表 4-1 的相关数据，我们从总体上可以将这一长时段历史演进过程划分为两个时期，即改革开放前的城乡二元结构强化时期和改革开放后的城乡二元结构转型时期。当然，在这两个时期之内，我们又可以根据国家宏观经济战略的调整及其引发的生产要素的产业配置、城乡区域配置格局的变化，进一步将二者划分为若干个前后相继的阶段（图 4-2 和表 4-2）。

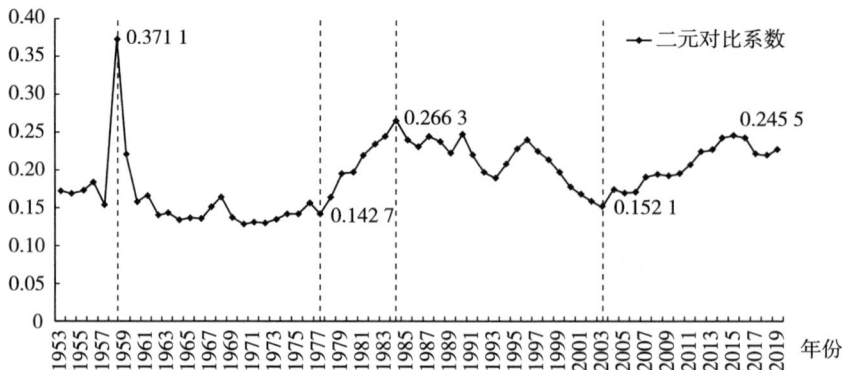

图 4-2　新中国城乡二元结构阶段性演化（1953—2019 年）

表 4 - 2　新中国城乡二元结构的阶段划分（1953—2019 年）

历史时期（阶段）	历史区间	阶段性演化的内在逻辑	二元对比系数变化			
			最小值	最大值	均值	阶段变化特点
形成与强化时期	1953—1977 年	重工业优先发展战略目标诱致下，城乡之间二元分化特征形成与强化	0.129 3 (1970)	0.371 1 (1958)	0.162 8	缓慢下降后在低水平徘徊
第一阶段	1953—1958 年	赶超战略的制度准备诱发城乡二元结构初步形成	0.155 7 (1957)	0.371 1 (1958)	0.204 4	波动下降，个别年份畸高（1958 年）
第二阶段	1959—1977 年	城市偏向策略导致城乡二元结构全面强化	0.129 3 (1970)	0.221 4 (1959)	0.147 7	历史低位窄幅波动
突破与转型时期	1978 年至今	经济体制改革不断深化引发城乡二元结构突破与转型	0.152 1 (2003)	0.266 3 (1984)	0.210 9	宽幅震荡
第一阶段	1978—1984 年	农村改革率先起步，城乡二元结构强度开始突破并快速减弱	0.164 3 (1978)	0.266 3 (1984)	0.217 4	连续上升
第二阶段	1985—2003 年	城市重新成为改革重心，城乡二元结构强度反弹	0.152 1 (2003)	0.247 0 (1990)	0.210 7	震荡下行，自历史高位降至历史较低水平
第三阶段	2004—2019 年	城乡均衡发展策略成为主流，城乡二元结构趋于缓解	0.171 2 (2005)	0.245 5 (2015)	0.208 2	稳步上升后在高位区间内缓慢下降

（一）城乡二元结构形成与强化时期（1952—1977 年）

这一时期，重工业优先发展战略的确立与持续，直接造就和强化了城乡之间的二元分化，具体可划分为如下两个阶段：

第一个阶段是 1953—1958 年城乡二元结构的形成阶段。这一阶段，中央政府以全面落实重工业优先发展战略为基本目标，在全国各地无差别地推行与之配套的农副产品统购统销制度、户籍管理制度和人民公社制度，标志着城乡二元结构正式形成。

第二个阶段是 1959—1977 年城乡二元结构的强化阶段。这一阶段，1958—1961 年农业大幅减产，导致农产品供给既难以维持农民基本温饱，更无法保证工业化需求。基于此，1962—1965 年间，中央政府出台了涉农补偿政策，使得农业生产略有恢复。这种背景下，宏观政策从 1966 年开始再次向工业和城市倾斜，城乡二元结构进入强化阶段。总体来说，这一时期全国基本完成了预期的重工业项目建设任务，但是也极大打击了广大农民的生产积极性。有数据显示，1966—1971 年，我国农业年增长率下降至 3.7%，而 1972—1978 年则更是降至 2.9%；到 1978 年底，全国农村处于绝对贫困线以下的农民数量高达 2.5 亿人[①]。

（二）城乡二元结构转型期（1978 年至今）

1978 年改革开放战略正式确立，计划经济体制开始向市场经济体制渐进转轨，市场在生产要素配置中的基础地位不断强化，政府相机调控成为常态，城乡二元结构进入转型时期。这一时期，二元对比系数尽管波动幅度较大，但始终高于 1977 年水平。具体来说：

第一，1978—1984 年为城乡二元结构突破阶段。改革开放前夕，中国经济已经处于崩溃边缘，农民土地经营积极性基本消耗殆尽。在此背景下，中共十一届三中全会作出了将工作重心重新转移到社会主义现代化建设上来的战略决策，改革开放成为了重回现代化建设道路的总体指向。其中，全国性的对内改革，导源于农村经济体制改革的率先起步。正是这种先行改革，使得农业农村获得了巨大发展活力，不但成为城乡二元结构转型的突破口，而且也为后来城市经济体制改革提供了方向性经验。

1978 年年底，安徽凤阳小岗村自发实行的"包干到户"改革，迅速获得中央政府的认可与支持，家庭联产承包责任制做法也迅速普及至全国农村，1983 年获得正式确认，全国超过 93% 的农村实行了家庭联产承包责任制。与此同时，1982 年宪法进一步打破了原有政社合一、三级所有的人民公社制度，农民生产经营自主权和农业剩余索取权部分恢复。1982 年 12 月中央政治局通过的《当前农村经济政策的若干问题》，更是对农副

---

① 数据来源：张桂文. 中国二元经济结构转换的政治经济学分析［M］. 北京：经济科学出版社，2011：42.

产品购销政策作出调整，允许农民对完成统派购任务后的农产品和非统购农副产品实行多渠道经营。受到以上政策调整的激励，农民生产积极性得到空前提高，1978—1984 年间农业净产值和粮食产量的年均增幅分别达到 7.73％和 4.95％①，1984 年全国粮食产量达到创纪录的 4 037 万吨②。另外，在搞活农业生产的同时，对于社队非农业生产的支持政策也于该阶段密集出台③，乡镇企业发展迎来了前所未有的历史机遇，就地消化吸收了大量农业剩余劳动力。

总之，改革开放初期农村经济体制改革的先行尝试，为农业农村发展注入了强劲发展动力，农业生产力得到全面释放，农村工业也实现了从无到有的历史转变。其直接结果是，城乡差距开始逐渐缩小，城乡居民收入倍差由 1978 年的 2.570（农村居民＝1）降至 1984 年的历史最低水平的1.835；城乡二元对比系数由 1978 年的 0.164 3 快速提高至 1984 年的0.266 3（除 1957 年特殊值外的历史最高水平），城乡二元结构强度快速减弱。

第二，1985—2003 年为城乡二元结构的反弹强化阶段。改革开放初期农村经济社会的快速发展和繁荣稳定，在一定程度上使党和国家意识到国内改革向城市延伸的可行性。于是，以 1984 年中共十二届三中全会通过《中共中央关于经济体制改革的决定》为标志，改革重心实现了以农村为重心向以城市为重心的战略转移。

这一阶段，城市经济诸多领域的系统性改革（财税体制改革、金融体制改革、国有企业改革、价格改革、促进民营经济发展）全面展开，市场经济建设明显加速，对外开放步伐大幅加快，制度变迁的边际报酬递增现象在其内部显现得淋漓尽致，为城市经济社会发展注入了前所未有的动力，资金、土地、劳动力、技术和管理等要素不断向城市一端集聚，资本

---

① 转引自：胡家勇. 转型经济学 [M]. 合肥：安徽人民出版社，2003：47.

② 转引自：张桂文. 中国二元经济转换的政治经济学分析 [M]. 北京：经济科学出版社，2011：80.

③ 1979 年公布的《关于社队企业若干问题的决定》，允许社队企业开展非农业项目经营；1983年公布的《关于改革农村商品流通体制改革若干问题的试行决定》，允许以自由价格生产销售农用生产资料和生活日用品；1984 年，相关政策进一步取消了乡镇企业的各种限制，在可进入领域与国有企业获得同等待遇，允许其自由定价，允许其获得各类贷款。

密集型的第二产业和劳动密集型的第三产业均表现出强劲的发展势头，二者在 GDP 中所占比重之和由 1985 年的 72.1％上升至 2003 年的 87.6％，城镇就业人口在社会就业人口中的占比更是由 1985 年的 25.68％上升至 2003 年的 34.45％①。

反观农村一端，这一阶段的制度变迁步伐开始放缓，直至 2004 年中央 1 号文件才再次聚焦"三农"问题，原有改革措施进入边际报酬递减区间；与此同时，渐进的市场化改革于 1992 年后进入加速期，带有城市偏向性特征的政策体系也日渐完善，直接加剧了城乡之间在资源和制度获取能力方面的严重失衡，城乡二元结构强度在前期快速减弱的情况下开始出现反弹，农村发展的相对落后性表现得愈加突出。

回顾历史，这一阶段综合制度改革的城市偏向性主要体现在如下四个方面：一是带有城市偏向性的财政税收体制改革。1994 年分税制改革正式实施后，尽管地方政府财权与事权不匹配问题仍然存在，但其财政收入的支配自主权利获得了空前提高。只不过，地方政府官员为了在"晋升锦标赛"中胜出②，将财政资源更多投向于 GDP 贡献较高的城市第二、三产业以及能够强化城市集聚效应的基础设施、公共事业等方面，对农业农村的投入则明显不足。以卫生资源投入和教育资源投入为例，有数据显示：1990—2000 年，在农村卫生总费用中，政府投入的比例由 12.5％下降到 6.6％；全国新增卫生经费中投入农村的比例只有 14％，真正成为专项经费的只有 1.3％。2000 年农村人均卫生事业费仅为 12 元，只相当于城市人均卫生事业费的 27.6％；在教育资源方面，2000 年全国教育经费为 3 849 亿元，其中用于农村义务教育的经费为 919.9 亿元，仅占全部教育经费的 23.9％③。"城市公用事业国家办、农村公益事业农民办"的税费政策，无疑成为城乡二元结构强度反弹的主要动因之一。二是带有城市偏向性的金融体制改革。1998 年国有银行和非银行金融机构经过商业化改革后，其经营目标和经营策略发生重大变化，贡献较低的农村网点不断被撤并压缩，导致农村资金呈现净流出格局，农村产业发展所需资金供给

---

① ③　根据中国统计年鉴（历年）相关数据计算得到。

②　转引自：周黎安 . 中国地方官员的晋升锦标赛模式研究［J］. 经济研究，2007（7）：36 - 50.

变得越发短缺，甚至接近"真空状态"①。三是带有城市偏向的新型农村土地征用制度改革。从 1982 年《国家建设征用土地条例》、1986 年《土地管理法》，到 1994 年的《九十年代国家产业政策纲要》和《中国 21 世纪议程——中国 21 世纪人口、环境与发展白皮书》的发布，均沿袭了"低价征用土地"的基本思路②。在这一思路下，农村土地开始向城市流出的同时，土地征用与转让收益更是一度成为地方政府最大财政收入来源。四是带有城市偏向性的社会保障制度改革。在借鉴国外经验的基础上，我国于 1986—1993 年间分别建立了失业保险制度和城市最低生活保障制度，1985—1995 年间基本完成了城市养老保险制度改革，1997 年开始建立了城市医疗保险制度。以上制度的出台和完善，直接造就了社会保障体系"市民广泛覆盖、农户自谋出路"格局，城乡二元经济结构之外的二元社会结构问题开始全面显现。

综合以上分析，在市场和政府双重力量的推动下，1985—2003 年间我国城镇化率不断提高，城镇体系的经济社会功能日趋完善，农村经济社会资源却开始出现单向流出特征，全国城乡二元结构强度因此出现了强劲反弹，2003 年城乡二元对比系数已经降至 0.152 1，甚至比改革开放初期 1978 年的水平（0.164 3）还要低。

第三，2004 年至今为城乡二元结构强度减弱阶段。世纪交替之际，中国现代化建设"三步走"战略的第一步、第二步目标已经实现。不过，工农城乡差别过分悬殊和不断扩大，依然是制约全面建设小康社会和实现社会主义现代化的主要难题。基于这一判断，自 2002 年以来，国家战略安排连续加大了对于农村经济社会发展的重视力度，城乡统筹战略、城乡一体化战略和乡村振兴战略相继出台，全面改变了此前城乡割裂、过度依赖工业化和城镇化的战略思路，城乡融合发展成为解决农村不平衡不充分

---

① 转引自：林辉煌，贺雪峰. 中国城乡二元结构：从"剥削型"到"保护型"〔J〕. 北京工业大学学报（社会科学版），2016（12）：1-10.

② 比如，《九十年代国家产业政策纲要》规定，"加快基础设施建设和基础工业的发展，国家将主要采取以下政策：……对基础设施和基础工业继续实行低价征用土地的办法"；《中国 21 世纪议程——中国 21 世纪人口、环境与发展白皮书》则提出，"对交通、通信建设用地，实行低价征用办法"。

发展的全新战略导向。其间，2002 年党的十六大正式提出了通过统筹城乡经济社会发展实现城乡二元结构转型的社会主义现代化建设新思路。

这一阶段，城乡二元结构转型进入加速过程，二元结构强度呈现明显的减弱趋势——二元对比系数由 2004 年的 0.175 1 稳步提高至 2015 年的 0.245 5；2016 年以来尽管有所下降，但仍处于历史高位区间。应该说，城乡二元结构弱化趋势的出现，同这一时期不断深化农业农村改革存在高度关联。这一时期，农村土地制度改革、城乡二元资源配置体制改革、以户籍制度为核心的城乡二元就业及社会保障体制改革正在朝着惠农强农的方向演进。总体来说，以上战略实践主要围绕四个方面展开：一是在坚持农村土地集体所有的基本前提下，不断深化农村土地制度改革，连续延长农民土地承包期，赋予了农民越来越广泛的土地承包经营流转权利。二是不断深化农村税费改革，2006 年正式取消农业税，同时逐步加大财政支出对于包括农业基础设施和农民社会保障在内的各项农村经济社会事业的支持力度。三是不断深化农村金融制度改革，引导信贷资金和社会资本不断流向农村和农业。四是不断深化户籍制度改革，中小城市落户条件日益宽松，鼓励农业剩余劳动力乡城迁移、促进进城农民家庭公平享受城市公共产品与公共服务的制度框架日趋完整。

当然，尽管新世纪以来我国城乡二元结构强度有所减弱，但是城乡二元结构向城乡一元结构的转型目标还远未实现，"三农"问题、城乡发展失衡问题仍然非常严重，亟待通过城乡发展关系的调整与优化、城乡发展路径的有机融合、特别是农村经济社会事业的补偿性发展予以破解。正如《乡村振兴战略规划（2018—2022 年）》的总体判断所言，"我国人民日益增长的美好生活需要和不平衡不充分的发展之间的矛盾在乡村最为突出，我国仍处于并将长期处于社会主义初级阶段的特征很大程度上表现在乡村。全面建成小康社会和全面建设社会主义现代化强国，最艰巨最繁重的任务在农村，最广泛最深厚的基础在农村，最大的潜力和后劲也在农村。"①

---

① 乡村振兴战略规划（2018—2022 年）［DB/OL］. http：//www.gov.cn/zhengce/2018 - 09/26/content _ 5325534. htm.

第三节　中国城乡二元结构的特殊性

一、成因上的内生性特征

在已有二元经济理论中，城乡二元结构只是被视为一种自然发生的"实然事实"，其形成原因并未受到过多关注。新兴古典二元经济理论尽管对此进行了探讨，但是其逻辑线索和归因也仅限于市场及分工的演化，国家现代化目标下的发展战略及其调整因素并没有得到充分重视。

事实上，绝大多数发展中国家的情况的确同经典二元经济理论的逻辑起点高度一致，其城乡二元经济结构的出现，主要是由殖民主义输入现代"飞地经济"而引发，具有鲜明的外生性特点。不过，新中国城乡二元结构并非外生输入型二元结构，而是由国家现代化目标、国家现代化战略、国家现代化制度安排综合影响所引发，具有突出的内生性特点。

自近代以来，直至新中国成立之初，中国在国土空间意义上就已经出现了城市和乡村的分化，"乡土中国"的总体特征逐渐被"城乡中国"的总体特征所取代。但是，由于经济社会资源在城乡之间的自由流动从未被严格控制，因而巨大的城乡发展反差反而并没有真正形成，城乡关系仍处于低水平共生状态。

新中国是一个愿景推动的发展中国家[①]。在其成立之初，建设独立自主现代化国家的总体目标，使得中央政府选择了一种非常规的发展战略，即跨越农业、轻工业主导阶段，以重工业优先发展谋求国家现代化的赶超型战略。为了保障这一战略能够顺利贯彻实施，由政府主导的一系列经济社会变革开始发生，农产品统购统销制度、户籍管理制度、人民公社制度应运而生，农业和工业在空间分布上快速实现了乡城分割，农村和城市在发展要素区域分配关系方面迅速确立了单向的哺育与被哺育关系，农民和市民在身份权利（如迁移权、就业权、社会保障与福利权等）上迅速形成了巨大反差，城乡二元结构真正形成和固化。

---

① 刘志彪. 均衡协调发展：新时代赶超战略的关键问题与政策取向 [J]. 经济研究参考，2018 (60)：3 - 13，36.

二、强度上的刚性特征

国际经验表明，发展中国家二元对比系数一般在 0.31～0.45 的区间波动，发达国家则一般在 0.52～0.86 的区间波动[①]。通过对我国二元对比系数变化的观察可以发现：除 1958 年极端数值（0.371 1）外，1953—1977 年间的最大值为 1959 年的 0.221 4，其余年份数值均在 0.2 以下，均值仅为 0.162 8；1978—2019 年间，我国二元对比系数波动区间为 0.152 1～0.266 3，均值仅为 0.216 4。换言之，自从我国城乡二元结构形成以来，二元对比系数长期徘徊在低水平区间，表现出了非常明显的刚性特征。即使新世纪进入城乡关系调整时期，农业农村发展开始受到全面关注，但农业比较劳动生产率上升幅度仍然较低，远未进入发展中国家平均波动区间范围之内（图 4 - 3）。

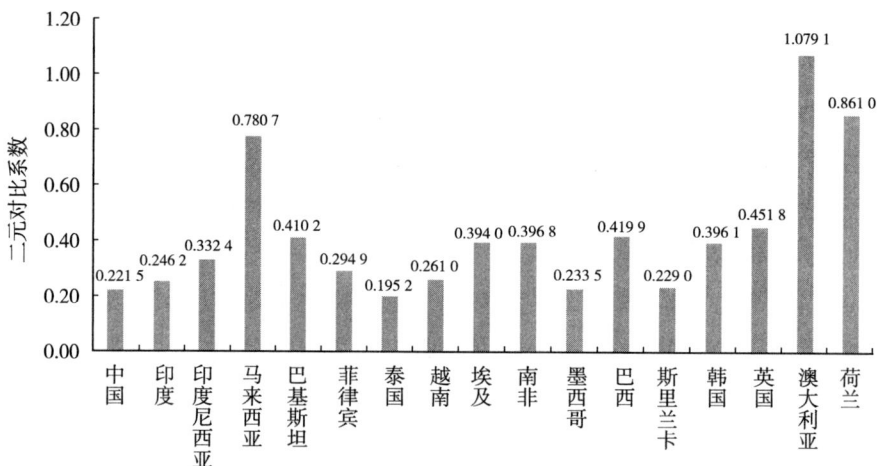

图 4 - 3　中国二元经济结构强度的国际比较（2017 年）

数据来源：根据国际统计年鉴（2018）相关数据整理得到。参见国际统计年鉴（2018）[DB/OL]. http：//www. stats. gov. cn/ztjc/ztsj/gjsj/.

图 4 - 3 显示了 2017 年中国同印度、印度尼西亚、巴西等 12 个发展中国家和 4 个发达国家二元对比系数的比较情况。由图可见，2017 年中

① 李颖. 中国二元经济结构：特征、演进及其调整［J］. 农村经济，2011（9）：83 - 87.

国二元对比系数仅高于泰国，与墨西哥和斯里兰卡比较接近，不但远低于发达经济体水平，甚至还明显低于印度尼西亚、巴基斯坦、菲律宾、越南、埃及、南非、巴西等发展中国家。

三、形态上的双重性特征

在经典的二元经济理论中，农村和城市之间只存在经济上的二元性，并不存在空间上的社会差异，这一结论显然与中国实际情况极为不符。事实证明，中国的城乡二元结构是一种"双重二元结构"，它既包含着城乡之间在经济发展方面的二元属性，而且同时包含了社会发展等众多方面的二元属性[1][2][3][4]。

事实上，1978 年改革开放后，各类城乡差别性制度安排虽然有所松动，粮油供应制度甚至已被完全取消，但户籍制度、教育制度、就业制度、医疗保障制度和社会保障制度等方面的城乡差异时至今日仍未完全消除，农村和农民相较于城市与市民的发展滞后性仍然非常突出。《乡村振兴战略规划（2018—2022 年）》指出，"我国人民日益增长的美好生活需要和不平衡不充分的发展之间的矛盾在乡村最为突出，我国仍处于并将长期处于社会主义初级阶段的特征很大程度上表现在乡村。"这一判断无疑为上述结论提供了最有力的佐证。表 4-3、表 4-4 和表 4-5 分别从基础教育、医疗卫生和社会保障三个方面，揭示了我国城乡二元社会结构的基本变化态势。

表 4-3　全国和农村中小学生均经费比较（2001—2009 年）

年份	普通小学			普通初中		
	全国	农村	倍率（组内最大值/组内最小值）	全国	农村	倍率（组内最大值/组内最小值）
2001	971.47	797.60	1.218 0	1 371.18	1 013.65	1.352 7

① 王颂吉 . 中国城乡双重二元结构研究 [D]. 西安：西北大学，2014.
② 刘纯彬 . 理顺城乡关系的关键是走出二元社会结构 [J]. 瞭望周刊，1988（24）：46.
③ 郭书田，刘纯彬，等 . 失衡的中国 [M]. 石家庄：河北人民出版社，1990：29-78.
④ 陈迪平 . 对我国城乡二元社会结构的反思 [J]. 湖南社会科学，2004（04）：62-64.

（续）

年份	普通小学			普通初中		
	全国	农村	倍率（组内最大值/组内最小值）	全国	农村	倍率（组内最大值/组内最小值）
2002	1 154.94	953.65	1.211 1	1 533.48	1 129.21	1.358 0
2003	1 295.39	1 058.25	1.224 1	1 667.95	1 210.75	1.377 6
2004	1 561.42	1 326.31	1.177 3	1925.43	1 486.65	1.295 1
2005	1 822.76	1 572.57	1.159 1	2 277.32	1 819.92	1.251 3
2006	2 121.18	1 846.71	1.148 5	2 668.63	2 190.33	1.218 4
2007	2 751.43	2 463.72	1.116 8	3 485.09	2 926.58	1.190 8
2008	3 410.09	3 116.83	1.094 1	4 531.83	4 005.78	1.131 3
2009	4 171.45	3 842.26	1.085 7	5 564.66	5 023.51	1.107 7

数据来源：转引自石艳. 我国区域教育差距对收入差距影响的实证研究 [D]. 苏州：苏州大学，2013：31.

表4-3相关数据表明，2001—2009 年全国和农村普通小学和普通中学生均教育经费投入的倍率尽管呈不断下降趋势，但二者之间的绝对差值却在不断扩大。2001 年普通小学全国生均教育经费投入绝对差为 173.87元，但 2009 年扩大至 329.19 元；2001 年全国和农村普通初中生均教育经费绝对差为 357.53 元，2009 年则扩大至 541.15 元。

类似的情况在医疗卫生领域同样存在。表 4-4 显示，1990—2000 年间，城乡卫生费用差距一直保持在 3 倍以上，绝对差距则由 1990 年的 120元扩大到 2000 年的 598 元。

表4-4 城乡卫生费用比较（1990—2000 年）

年份	平均（元）	城市（元）	农村（元）	倍率（城市/农村，农村＝1）
1990	65.40	158.80	38.80	4.09
1991	77.10	187.60	45.10	4.16
1992	93.60	222.00	54.70	4.06
1993	116.30	268.60	67.60	3.97
1994	146.90	332.60	86.30	3.85
1995	177.90	401.30	112.90	3.55

（续）

年份	平均（元）	城市（元）	农村（元）	倍率（城市/农村，农村＝1）
1996	221.40	467.40	150.70	3.10
1999	321.80	702.00	203.20	3.45
2000	361.90	812.90	214.90	3.78

数据来源：转引自王颂吉. 中国城乡双重二元结构研究［D］. 西安：西北大学，2014：83，87.

表 4-5 相关数据显示了 1991—2000 年我国城乡社会保障水平和人均支出的比较情况。可以发现，这一期间城乡之间社会保障水平的倍率处于稳定上升态势，由 1991 年的 49.3 倍上升至 1999 年的 108.9 倍和 2000 年的 108.7 倍；与此同时，城乡之间社会保障人均支出的倍率也处于总体上升区间，由 1991 年的 49.0 倍分别上升至 1999 年的 108.7 倍和 2000 年的 107.9 倍。

表 4-5　中国城乡社会保障水平和人均支出比较（1990—2000 年）

年份	城市社会保障水平（%）	农村社会保障水平（%）	城市/农村	城市人均社会保障支出（元）	农村人均社会保障支出（元）	城市/农村
1991	13.30	0.27	49.3	250	5.1	49.0
1992	14.25	0.21	67.9	332	4.7	70.6
1993	14.87	0.17	87.5	437	4.9	89.2
1994	14.78	0.15	98.5	580	5.7	101.8
1995	14.63	0.15	97.5	710	7.4	95.9
1996	14.38	0.17	84.6	802	9.5	84.4
1997	14.64	0.16	91.5	890	9.8	90.8
1998	15.44	0.18	85.8	987	11.2	88.1
1999	17.42	0.16	108.9	1 141	10.5	108.7
2000	17.39	0.16	108.7	1 230	11.4	107.9

数据来源：王颂吉. 中国城乡双重二元结构研究［D］. 西安：西北大学，2014：83，87.

由此可见，中国城乡二元结构在基本性质上迥异于传统二元经济理论所描述的状态，这种城乡之间的巨大反差，在发展中国家乃至全球范围内都是异常突出的。城乡二元经济结构与二元社会结构并行共存、相互交织，直接强化了城乡之间在空间综合形态上的分离和异化。

综上可见，我国城乡二元结构是一种内生于新中国成立初期现代化起点条件，长期服务于工业化和城市化发展的特殊二元结构。经过一系列城乡有别的非均衡制度变迁（城市偏向性制度变迁）强化之后，它已经演化成为经济二元结构和社会二元结构并存的"刚性双重二元结构"。这种"刚性"与"双重性"并存的特征，既决定了其转型过程的艰巨性、复杂性和长期性，也决定了农村空间在改变自身弱势地位的过程中，既需要努力挖掘内部发展潜能，又要获得来自于二元结构加速转型的环境支持。

第四节　本章小结

城乡二元结构既可能是市场演化的结果，也可能是国家发展战略和宏观制度体系调整的结果。城乡二元结构的强度及变化，反映着农村和城镇两大系统非同步发展的既定状态，也深刻影响着农村发展的未来。本章细致考察了我国城乡二元结构的形成原因及其背后制度变量的重要作用，并以形成和强化、突破与转型两个时期划分及其内部不同阶段变化特点的梳理为基础，总结了我国城乡二元结构所体现出的突出特征，即成因上的内生性特征、强度上的刚性特征以及形态上的双重性特征。

第五章

城乡二元结构转型滞后性及其
对农村自生发展能力的影响

本书第四章基本结论显示，我国城乡二元结构所具有的内生性、刚性和双重性特征，决定了其转型的复杂性和艰巨性。本章将基于这一结论，进一步论证我国城乡二元结构转型的滞后性特征，并主要应用规范分析方法探讨其对农村自生发展能力演化的消极影响。

第一节　我国城乡二元结构转型滞后性的表现

如上一章所述，以 1978 年改革开放为开端，中国进入城乡二元结构转型时期，2002 年后更是进入加速转型时期。这种转型本应有利于不断降低城乡二元结构强度，但是现实情况却并非如此：城乡二元结构强度经历了 1978—1984 年短暂的下降后，自 1985 年开始又进入震荡强化区间；2004 年以来尽管趋于缓解，但截至目前与其他发展中国家相比仍处于高位水平，我国城乡二元结构转型过程仍显滞后。

一、农业就业结构转换速度严重滞后于产值结构转换速度

农业剩余劳动力由传统农业部门向现代工业部门的就业转移，是城乡二元结构向一元结构转型的必由之路。在农业剩余劳动力的就业迁移过程中，全社会各次产业的产值结构和就业结构会发生匹配性转换。就农业部门而言，只有当其就业份额等于或低于其产值份额时，才表明其人均劳动生产率实现了与非农产业的趋同，产业内部剩余劳动力基本完成了跨部门的就业迁移[①]。

---

① 蔡昉. 中国二元经济与劳动力转移［M］. 北京：人民大学出版社，1990：59.

出于直观性考虑，我们可以通过下式定义农业部门就业结构转换相对于产值结构转换的滞后程度：

$$lag = \frac{(L_A/L - P_A/P)}{P_A/P} \times 100\% = \left(\frac{L_A/L}{P_A/P} - 1\right) \times 100\% \quad (5-1)$$

式中：lag 即为农业就业结构转换的滞后程度；L_A/L 称为农业就业结构，是第一产业就业数量 L_A 在全社会就业总量 L 中所占比重；P_A/P 称为农业产值结构，是第一产业增加值 P_A 在国内生产总值 P 中所占比重。显然，lag 数值越大，表明农业人均劳动生产率越低，技术进步的速度和剩余劳动力非农化转移的速度越慢；反之，则反是。

由图 5-1 可知，1978—1984 年我国农业就业结构转换的滞后程度虽然由 154.51 降至 1984 年的 103.17，但 1985—2006 年间这种滞后程度又呈不断上升趋势，滞后程度由 1985 年的 123.66 攀升至 2006 年 301.89 的历史峰值，此后滞后程度尽管有所下降，但是 2019 年数值仍然高达253.52，大致与 2001 年水平相当，农业就业结构与产值结构的严重偏离，表明农业剩余劳动力的产业间就业转移仍然面临较大障碍。

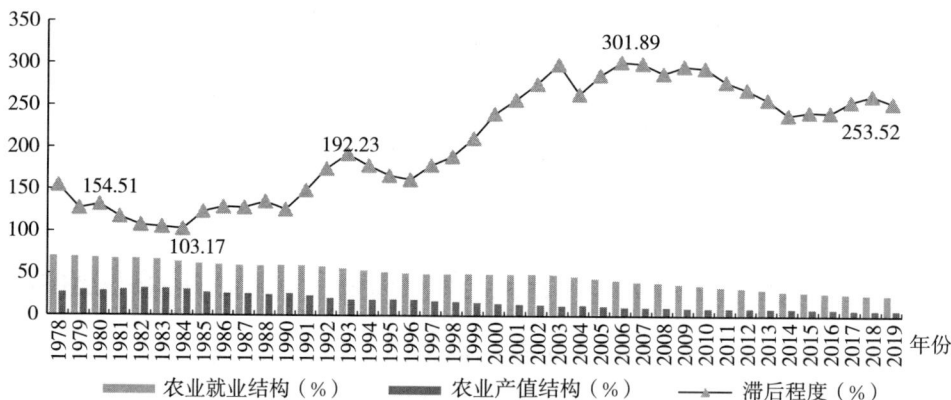

图 5-1 中国农业就业结构转换滞后程度（1978—2019 年）

数据来源：根据中国统计年鉴（2020）相关数据计算得到。

二、城镇化变迁严重滞后于工业化变迁

国际经验表明，发展中国家的城镇化与工业化是吸纳农业剩余劳动力实现就业迁移与居住地迁移的产业基础与空间基础，二者构成了城乡二元

结构转型进程中相互影响、相互推动的过程。然而，我国城乡二元结构转型过程中，农业转移人口市民化与工业化的互动关系同国际城镇化规律并未呈现高度一致性，城镇化变迁进程严重滞后于工业化变迁进程，农业剩余劳动力的乡城迁移明显迟滞。

根据图 5-2 可知：一方面，受户籍制度改革滞后影响，户籍人口城镇化水平一直低于常住人口城镇化水平，不完全城镇化现象非常突出。改革开放初期，二者偏离水平只有 2.75%，但此后偏离程度逐渐扩大，至 2014 年达到历史峰值（18.14%）。2015 年以来，二者偏离水平尽管有所下降，但下降幅度却非常小，2019 年仍然高达 16.22%。另一方面，从城镇化水平与工业化水平的差异角度看，我国常住人口城镇化率同工业化率之间的滞后程度自 20 世纪末开始不断下降，但截至 2019 年，常住人口城镇化率仍然比工业化率低 32.30 个百分点。与此同时，户籍人口城镇化率与工业化率的差距更大，考察期内绝大多数年份维持在 50% 以上，2019

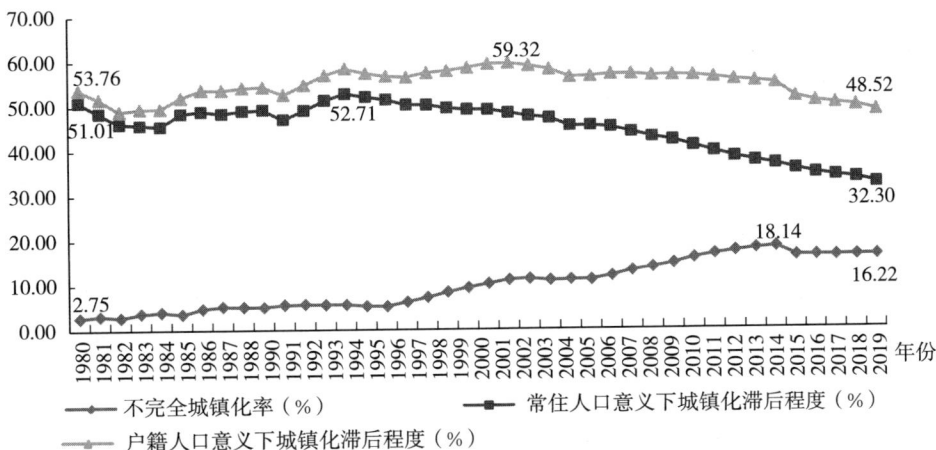

图 5-2　中国城镇化变迁滞后程度（1980—2019 年）

注：不完全城镇化率＝常住人口城镇化率－户籍人口城镇化率；常住人口意义下城镇化滞后程度＝工业化率－常住人口城镇化率；户籍人口意义下城镇化滞后程度＝工业化率－户籍人口城镇化率。

数据来源：根据中国统计年鉴（2020）、中华人民共和国 2019 年国民经济和社会发展统计公报和高帆（2019）相关数据计算得到。参见：中国统计年鉴（2020）；国家统计局．中华人民共和国 2019 年国民经济和社会发展统计公报 [EB/OL]．http://www.stats.gov.cn/tjsj/zxfb/202002/t20200228_1728913.html；高帆．从割裂到融合：中国城乡经济关系演变的政治经济学 [M]．上海：复旦大学出版社，2019：101-103.

年仍然高达 48.52％。从国际比较角度看，我国工业化水平已经大大超过工业化中期国家的相应水平，但相应的城镇化水平却又明显偏低，仅相当于工业化中期水平。

三、城乡二元社会结构转型滞后

在 1978 年开始的城乡二元转型时期的大部分时间里，我国城乡关系更多地表现出城市偏向性特征，农村资金和劳动力持续净流出的同时，城乡二元社会结构的基本特征并未得到显著削弱，城乡生产和生活基础设施的差异仍然非常明显。

以教育和医疗卫生方面的差距为例：图 5-3 和图 5-4 相关数据表明，2011—2013 年间，城乡小学和普通初中生均教育事业经费支出差距实现了快速下降，分别由 2011 年的 201.39 元和 334.76 元降至 2013 年的 46.81 元和 62.6 元，不过 2013 年后二者差距却不断扩大，分别由 2014 年的 277.11 元和 647.51 元逐步扩大至 2019 年的 515.99 元和 1 467.20 元。图 5-5 则表明，尽管 2011 年以来我国城乡医疗卫生资源差距在逐年缩小，但这种差距缩小速度却非常缓慢，2019 年城市和农村每千人口拥有的卫生技术人员比、执业（助理）医师比、注册护士比和医疗卫生机构床位数比分别为 2.62、2.24、2.09 和 1.83，差距仍然突出。

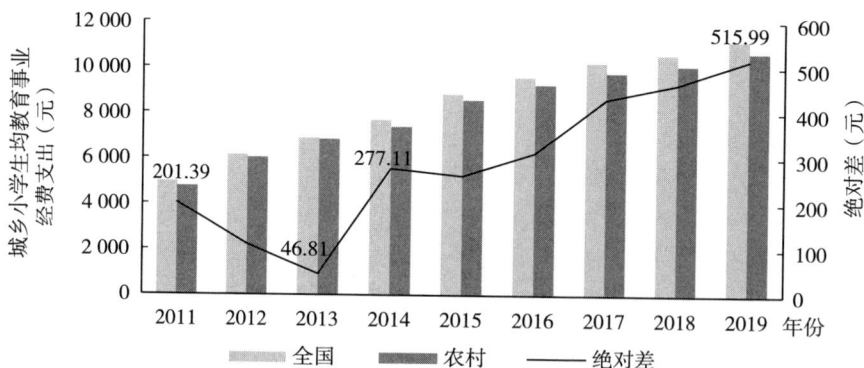

图 5-3　城乡小学生均财政公共预算教育事业经费支出
及其对比情况（2011—2019 年）

注：绝对差＝全国小学生均教育事业经费支出－农村小学生均教育事业经费支出。

数据来源：中华人民共和国教育部．http://www.moe.gov.cn/.

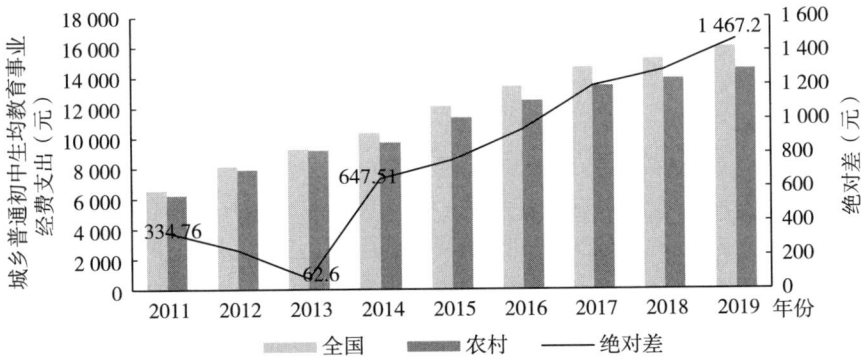

图 5 - 4　城乡普通初中生均财政公共预算教育事业经费支出

及其对比情况（2011—2019 年）

注：绝对差＝全国普通中学生均教育事业经费支出－农村普通中学生均教育事业经费支出。

数据来源：中华人民共和国教育部 . http：//www. moe. gov. cn/.

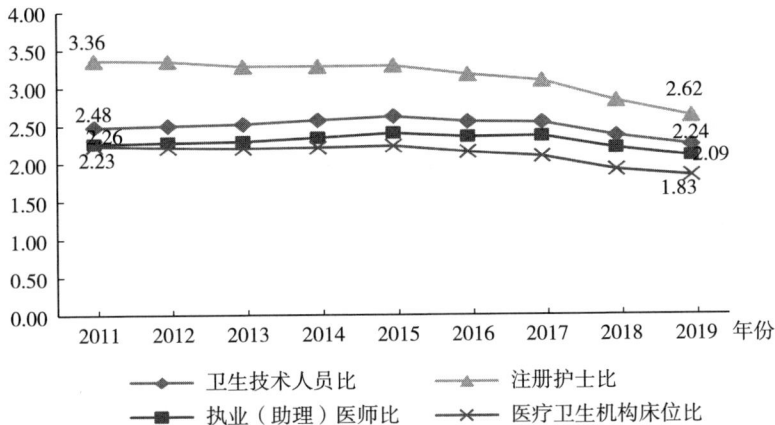

图 5 - 5　城乡每千人口拥有医疗卫生资源对比情况（2011—2019 年）

数据来源：中华人民共和国国家统计局 . https：//data. stats. gov. cn/easyquery.

htm？cn＝C01.

第二节　城乡二元结构转型滞后性的成因

一、城市偏向性的非均衡制度变迁

新制度经济学相关理论表明，制度变迁会通过社会激励结构的变化而影响经济变迁的绩效①。按照制度变迁所导致的收益分配结果的差异，可以将制度变迁划分为均衡性制度变迁和非均衡性制度变迁两种基本类型。一般来说，强制性制度变迁通常是由一部分社会群体所推进，未必会产生帕累托效应，属于非均衡制度变迁范畴②。

新中国成立后城乡二元结构的形成和演进，无不是在国家强制性制度变迁的推动下发生的，是一种非均衡性制度变迁的结果。进一步而言，在城乡二元结构形成和强化时期，农产品购销制度、户籍制度和农村综合制度的强制性制度变迁，在牺牲农村和农民利益的前提下，为城市重工业发展创造了资金积累渠道。1978 年开始启动的市场化改革，虽然曾短暂地从农村起步并迅速激发了农民生产经营积极性，但 1985 年后以城市为中心的综合改革，则再次显示了制度供给的城市偏向性，促成了劳动力、财政与金融资金甚至农村土地资源的乡—城单向流动。综合改革的结果固然在一定程度上有利于农村居民的收入增长，却在总体上促成了非农产业部门和城镇居民经济社会福利更大程度的增进，导致城乡二元结构并未因此而发生明显改观。即使 2004 年以来中央 1 号文件已经连续 18 年聚焦"三农"问题，可以看做是国家层面对农村空间的制度供给强度有所提高，不过决定城乡二元结构强度的一系列既有的、以"城乡分割"和"城市偏向性"为基本特征的深层次制度安排（如户籍制度、财政制度、金融制度、就业制度、教育制度、医疗制度、社会保障与社会福利制度等），却一直没有及时退出历史舞台，非均衡的城乡制度变迁远没有从根本上扭转城乡失衡的总体格局。接下来，我们不妨详细考察改革开放以城市偏向性为基本特征的非均衡制度变迁的具体表现，从中可以管窥其对城乡二元结构转型滞后性的客观影响。

依据城市偏向理论（Lipton. M，1977)③，我国城乡二元结构转型期

---

① 道格拉斯·C. 诺思，胡志敏. 理解经济变迁的过程 [J]. 经济社会体制比较，2004（1）：1 - 7.

② 胡文显，孙毅杰. 制度变迁的非均衡性及其内生原因分析 [J]. 上海金融学院学报，2006（6）：29 - 33.

③ Lipton, M. Why Poor People Stay Poor：A Study of Urban Bias in World Development [M]. London：Temple Smith，1977.

带有城市偏向性特征的非均衡制度变迁过程可以发生在财政投资、金融机构贷款、劳动力流动、社会保障、基础设施建设甚至土地等众多领域，大致包含要素配置性偏向、产业分割性偏向和地域分割性偏向三方面内容。其中：要素配置性偏向集中表现为财政资金、金融机构贷款、土地等资源主要通过政府或国有部门以较高比例配置于城镇系统；产业分割性偏向主要表现为政府通过强化市场控制等手段，人为改变农产品价格以及同工业品和服务品的相对价格，借此确保城镇系统能够通过产业体系获取额外"价格红利"；地域分割性偏向主要表现为政府在户籍、就业、基本公共产品（服务）供给、社会保障与社会福利等事关公民发展权益的相关领域，以"重城轻乡"的内在思维，设置或维持城镇优先、市民优先的政策安排，以此加快城镇发展进程、扩大城镇综合影响力与竞争力①。本部分仅对城乡二元结构转型期的要素配置性偏向和地域分割性偏向展开分析。

（一）要素配置性偏向

1. 财政支出的城镇偏向性

我们可以将农业部门和非农业部门获得财政支持的力度之比定义为二元财政对比系数，类似地将农业部门与非农业部门各自获得的财政投入同其各自增加值之比定义为二元财政产值对比系数，将农业部门与非农业部门各自获得的财政投入同其各自就业数量之比定义为二元财政就业对比系数，而将二元财政产值对比系数和二元财政就业对比系数的算术平均数定义为二元财政综合对比系数②。显然，无论是二元财政产值对比系数、二元财政就业对比系数还是二元综合对比系数，均可以反映中央和地方一般公共预算支出在城乡之间不均等分配状况。一般来说，当财政支出不存在区域偏向性特征时，其值应该等于1；如果其值小于1，则表明财政支出存在城镇偏向性，其值越小，这种偏向性越强。1978年以来相关数据显示，我国二元财政产值对比系数在2015年之前一直处于较低水平，1984

---

① 徐世江 . 中国二元经济结构转换与宏观经济政策调整［J］. 鞍山师范学院学报，2012（3）：14-16.

② 张桂文 . 中国二元经济结构转换的政治经济学分析［M］. 北京：经济科学出版社，2011：108-109.

年的历史最低值仅为 0.191；二元财政就业对比系数更是长期徘徊在非常低的水平，2004 年之前除个别年份（1998 年）外，一直低于 0.1，2006—2012 年间一直介于 0.1～0.2 之间，此后虽然不断上升，但 2019 年其数值也仅为 0.316；类似地，二元财政综合对比系数虽然在整个城乡二元结构转型期呈波动性上升势头，但其数值却较低，2003 年前一直低于 0.3，2009 年才首次超过 0.5，2019 年的历史峰值也仅为 0.848[①]。由此可见，改革开放以来我国二元财政对比系数总体上趋于不断改善，但是这种改善程度又是有限的——除二元财政产值对比系数已经于 2015 年超过数值 1 之外，二元财政就业对比系数和二元财政综合对比系数的数值却始终较低，二元财政就业对比系数更是一直处于非常低的水平，就业的城市偏向性可见一斑。

2. 金融机构贷款的城市偏向性

事实上，我国主要国有银行经过商业化改革后，对贷款安全和经济利润的追求，在相当大程度上促成了其对城镇部门的偏爱，使其纷纷撤销或合并了农村金融网点。当前开展农村金融服务的金融机构中，除中国农业发展银行业务性质比较特殊外，我们可以发现中国农业银行、农村信用社和中国邮政储蓄银行对农村的资金净投放量甚至长期保持负值[②]，这也可以在相当大程度上解释本就缺乏产业资本支持的农村地区，其产业难以获得长足发展、普遍缺乏市场竞争力的原因所在。有数据显示，1979—2015 年，经农村信用社渠道，我国农村净流出资金总量高达 25 144.6 亿元，年均净流出额高达 679.59 亿元；2007 年以来（除 2014 年外）的年净流出额更是超过 1 000 亿元，2007—2015 年间平均年净流出额达到 1 727.13 亿元。与此同时，农村资金经邮政储蓄渠道流出状况与农村信用社渠道类似，但 2014 年和 2015 年两年的净流出额分别高达 5 965.0 和 5 020.7 亿元，总量惊人。另外，1990—2007 年，农村资金经农村信用社和邮政储蓄渠道流出总量与农业增加值之比均值为

---

① 根据新中国六十年统计资料汇编和中国统计年鉴（2020）相关数据计算得到。参见：国家统计局国民经济综合统计司. 新中国六十年统计资料汇编 [M]. 北京：中国统计年鉴出版社，2010；中国统计年鉴（2020）。

② 柯炳生. 工业反哺农业的理论与实践研究 [M]. 北京：人民出版社，2008：176 - 192.

6.27％，而 2014 年和 2015 年两年的比值更是分别高达 10.92％和 10.78％。[①]

3. 农村土地征收和转让收益分配的城市偏向性

我国现有农村土地制度体系内，虽然土地的承包经营权划定清晰，但土地征用和转让环节，地方政府却拥有了巨大获利空间，可以通过行政垄断方式双向控制非农化土地的征收价格和出让价格，并利用农地征收净收益（由土地差价收益和土地开发税费收入构成）来充实一般预算收入，再将其主要用于城镇体系，于是就形成了基于农村土地征收和转让过程的城镇偏向性。

有数据显示，2004—2016 年全国农地征用净收益总额达到360 165.60 亿元，2016 年达到最高值 47 056.33 亿元，年均达到 27 705.04 亿元，在国家财政收入中的占比均值高达 30.10％，2009 年和 2010 年两年更是达到 42.73％和 41.82％的超高水平。与此同时，这一时期土地征收净收益与全国农林水支出差额呈逐年递增态势，从 2004 年的 24 702.68 亿元逐渐攀升至 2016 年最高值 141 017.16 亿元，较 2004 年提高了 4.71 倍，净收益的城乡分配过程表现出了强烈的城镇偏向性。与此同时，土地出让金在地方政府财政收入中的占比明显高于全国土地征收净收益在国家财政收入中的占比，其最低值为 2008 年的 33.51％，最高值为 2010 年的 66.48％，13 年间的占比均值达到 48.57％，数值之高令人惊叹。另外，土地转让金与地方农林水支出的差额也呈逐年扩大的态势，由 2004 年的 24 844.48 亿元扩大至 2016 年的 141 796.68 亿元，也增加了 4.71 倍，土地出让收益中绝大部分被用于城市的基本公共产品（服务）供给、产业发展、市民社会保障和福利等领域，同样显示了强烈的城镇偏向性。[②]

（二）地域分割性偏向

与要素配置的城市偏向并行，我国自 20 世纪 50 年代就设计了以城

[①] 转引自：张桂文，周健，等. 制度变迁视角下的中国二元经济转型 [M]. 北京：社会科学文献出版社，2021：239 - 243.

[②] 土地转让金数据转引自张桂文等（2021），其余数据由作者根据中国统计年鉴（历年）中的相关数据计算得到。参见：张桂文，周健，等. 制度变迁视角下的中国二元经济转型 [M]. 北京：社会科学文献出版社，2021：239 - 243；中国统计年鉴（2005—2017）。

乡二元户籍制度为核心的地域分割性制度偏向体系。改革开放以来，因为我国经济社会改革重心由农村快速转向城镇，且在 2004 年前一直延续着"城市优先"的非均衡发展理念，因而原有城乡分割性制度体系的变迁过程明显呈现出"渐进性"特征，很多制度安排直至今日仍在发挥作用。

以户籍制度变迁为例，自 1984 年户籍严控制度松动以来，虽然我国陆续出台了一系列户籍制度改革文件，但是截至目前仅建制镇和小城市的落户限制得以完全放开，中等城市、大城市和特大城市的落户限制仍然没有完全取消。

地域分割性制度偏向体系与要素配置性偏向体系的共存，无疑产生了相互强化效应，造成了城镇与农村在产业发展、社会治理、公共产品（服务）供给等方面的巨大差别，并由此衍生出了城乡居民在生活方式、养老、就业、医疗、教育、社会保障与福利等方面的强烈反差，导致了市民和农民在获得发展机会与提高发展能力方面的迥然差异。这也是我国农村人口转移过程呈现非农化与市民化相互分离、个体迁移与家庭成员整体迁移相互分离，并以非永久乡城迁移为主要表现形式的非典型特征的重要成因[1]。

二、城乡市场发展的非均衡性

（一）农村商品市场和劳动力市场的衰落

事实证明，现代社会中，市场的发展是区域经济社会走向繁荣之路的基础动力。回顾 1978 年以来的中国经济发展历程，培育、建设和完善社会主义市场经济体系，一直是改革事业中的重中之重。改革开放初期，为了扭转国民经济濒临崩溃的困局，短期内尽快提高粮食产量已经成为保证社会稳定的必然选择。为此，家庭联产承包责任制迅速上升为顶层制度，统购统销制度开始逐渐放开，农产品统销派购品种陆续得到压缩，计划经济体制之外的部分农产品和农副产品交易市场，也在国家一系列重要文件

---

① 徐世江. 农业转移人口市民化的多重矛盾及其破解思路［J］. 辽宁大学学报（哲学社会科学版），2014（3）：25 - 32.

支持下得以形成和发展①。受此影响，农民的多元化生产的积极性被极大激发出来，农村集贸市场和乡镇企业也以异军突起之势，在短期内就发展成为国民经济体系中不可或缺的重要力量。

　　从 1978—1998 年间乡村和城市集市贸易的发展情况看，乡村集市贸易额早在 1980 年就达到 211 亿元，而当时城市集市贸易额仅有 24 亿元，二者倍差（城市集市贸易额＝1）高达 8.79，直至 1985 年这一倍差仍然保持在 4.24 以上。不过，随着国内改革重心的转移，1984 年后城市经济社会改革步伐加快，特别是城市民营经济的快速兴起以及市场体系（包括商品市场和生产要素市场）的不断完善，农村集市贸易额与城市集市贸易额的倍差开始逐年下降，到中共十四大明确了社会主义市场经济体制目标模式后，农村市场经济发展的先动优势在保持了 16 年之久后于 1994 年开始逆转，当年农村集市贸易额和城市集市贸易额的倍差降至 0.97，1998 年更是降至 0.80。②

　　另外，随着农业劳动生产率的提高，农业剩余劳动力的就地非农化转移现象开始出现，乡镇企业成为吸纳这部分劳动力的重要产业组织。1978—1988 年是乡镇企业第一个发展高峰期。这一期间，全国乡镇企业由 152.4 万家快速增长至 1 888.16 万家，增长 11.39 倍，吸纳的农村劳动力也由 2 826.56 万人提高至 9 545.45 万人，增长 2.37 倍；这部分劳动力在乡村劳动力中的比重也由 9.02% 提高至 23.82%，提高了 14.80% 个百分点。不过，经过 1989—1991 年的三年治理整顿，乡镇企业贷款规模和基建规模均被大幅压缩，发展速度明显放缓，吸纳就业的数量一度出现下降。1992 年后，经过关、停、并、转阵痛后存续下来的乡镇企业虽然迎来了一个快速发展期，但其吸纳就业的能力已经明显下降，单个企业平均职工人数已经由 1978 年的 18.55 人降至 1996 年的 5.78 人，降幅高

---

　　①　这些文件主要包括：1981 年国家物价总局等八部门联合发布的《农副产品议购议销价格暂行管理办法（草案）》、1983 年中共中央发布的《当前农村经济政策的若干问题》、1983 年国务院发布的《批转商业部关于调整农副产品购销政策、组织多渠道经营的报告的通知》、1984 年国务院批准的国家体改委和农牧渔业部《关于进一步做好农村商品流通工作的报告》、1985 年中共中央和国务院颁布的《关于进一步活跃农村经济的十项政策》等。

　　②　根据中国农村统计年鉴（1985—1998）相关数据计算得到。

达 68.84%。①

(二) 城镇市场体系的快速完善

与农村商品市场和生产要素市场经过短期繁荣而较快进入缓慢发展或相对滞后发展阶段的轨迹恰好相反，城镇商品市场和生产要素市场的发展虽然起步较晚，但是因地方政府的主动支持乃至直接参与，其发展速度之快令人瞩目。具体来说，城乡二元结构转型时期，城镇系统的市场建设主要由如下六方面改革构成：

一是国有企业改革有序推进。1986—1995 年，国有企业改革不断加速，城镇体系中绝大多数竞争性领域中的国有经济完成深刻转型，成为与市场经济要求相匹配的经济主体，其经营活力和要素配置效率得到显著提高，为城镇商品市场体系的拓展创造了巨大空间②。

二是大力促进民营经济发展。自 1987 年《城乡个体工商户管理暂行条例》颁布以来，全国各地纷纷通过放宽市场准入、消除融资障碍、破除用工限制、增加土地供应等方面改革为民营经济发展广开方便之门。作为回馈，民营经济在吸纳劳动力就业、拉动城市投资、提高经济产值、增加城市税收等诸多方面为城市发展做出了巨大贡献③。仅以民营经济中的私营企业为例，1992 年以来城镇私营企业吸纳的就业比重虽然仅为 0.63 个百分点，但是 1999 年、2004 年、2012 年和 2017 年则分别跨越 5%、10%、20% 和 30% 大关，分别达到 5.01%、11.31%、20.37% 和 31.39%，2019 年更是达到 32.92% 的历史最高水平④。事实上，如果将非正规就业劳动力考虑在内的话，那么私营企业对城镇就业的贡献要远大于官方统计数据。

三是做大做强第三产业。1992 年《中共中央国务院关于加快发展第三产业的决定》发布后，全国各地对第三产业发展给予了高度关注，在大力发展生活性服务业的同时，着力做大做强生产性服务业，使得第三产业作为一个整体，自 20 世纪 90 年代中期以后保持了连续、快速发展势头，不但成为国民经济增长的重要引擎之一，而且为城镇人口、产业和各类生

---

① 根据中国农村统计年鉴（1985—1998）相关数据计算得到。
② 陈清泰，吴敬琏，谢伏瞻. 国企改革攻坚 15 题 [M]. 北京：中国经济出版社，1999.
③ 胡家勇. 转型经济学 [M]. 合肥：安徽人民出版社，2003：155 - 162.
④ 根据中国统计年鉴（1993—2020）相关数据整理得到。

产要素的进一步集聚奠定了坚实基础。相关数据显示，1996 年第三产业增加值在 GDP 中所占比重已经超过 1/3，2001 年这一比重首次迈过 40％的门槛，2016 年进一步迈过 50％的门槛，2019 年已经达到 53.9％的历史最高水平①。

四是着力建设地方性信贷市场。自 1986 年开始允许地方组建区域性商业银行、1995 年地方性商业银行审批限制进一步放开以来，1998 年地方性商业银行达到 145 家。此后，经过改革和整顿后，2016 年以来地方商业银行数量稳定在 134 家，地级行政区划单位拥有城市商业银行的比率达到 40.12％②。事实证明，这些城市商业银行的出现，不但打破了国有商业银行的业务垄断，激活了地方信贷市场的竞争，而且还在支持城镇民生工程建设、特别是在满足城镇中小企业融资需求方面发挥了巨大作用，成为城镇经济社会事业蓬勃发展的重要力量之一③④。

五是积极发展劳动力市场。20 世纪 90 年代中期以来，随着民营经济市场化用工机制的出现、国有企业改革的不断深入和布局调整的不断加快，全国范围内以地方就业主管部门作为牵头者的城镇就业市场建设开始加速，官方和非官方的人力资源服务机构、职业培训机构和职业技能鉴定机构在地方政府的鼓励下实现了共同兴起。新世纪以来，各地劳动主管部门还在劳动力供求信息系统建设、劳动力权益维护、失业保险"扩面"等方面不断加大工作力度，使得我国城镇系统劳动力市场的功能变得愈加强大，城镇登记失业率也一直保持在较低水平。有数据显示，2008 年我国人力资源服务机构的数量已经达到 3.72 万家，2019 年更是达到历史最高峰水平的 3.96 万家。这些人力资源服务机构以市场需求为导向，服务规模已经由 2012 年的 1 888 万人次提高至 2019 年的 4 211 万人次。同期，职业培训机构和职业技能鉴定机构业务发展平稳，各类职业培训（含政府

---

① 转引自中国统计年鉴（2020）。

② 118 家城商行全解，看这一篇就够了！［DB/OL］. https://cj.sina.com.cn/articles/view/6085205919/16ab4df9f01900xi28.

③ 张凯 . 我国城市商业银行与地方经济发展关系研究——以徽商银行为例［J］. 郑州航空工业管理学院学报，2012（4）：141 - 144.

④ 束姗 . 中国城市商业银行与地方经济发展研究——以徽商银行为例［J］. 金融经济，2012（24）：113 - 114.

补贴项目）规模一直保持在 1 650 万人次以上，职业技能鉴定规模也一直保持在 1 000 万人以上。另外，失业保险和工伤保险"扩面"工作也取得了显著成效，参保人数由 2010 年的 12 400 万人和 13 787 万人分别增长至 2019 年的 20 543 万人和 25 478 万人的历史最高值。[①]

六是全面激活土地市场。土地既是城镇发展的空间载体，也是现代工业和服务业发展的空间载体。自 1988 年国有土地有偿使用管理办法出台和 1994 年分税制改革以来，由于土地收储和出让过程能够带来巨量财政收入，因而地方政府在激活城镇土地市场过程中表现出了极大热情。有数据显示，1998 年以来全国建成区面积保持了高速扩张之势，2004—2018 年间城镇建成区面积累计增长 28 049.5 平方千米，平均每年扩张 2 003.5 平方千米；而同期全国征用土地面积之和高达 24 490.4 平方千米，年均征用面积为 1 749.3 平方千米，两组数据非常接近。[②]

三、宏观政策调整的非连续性

制度和制度变迁的连续性，对于稳定社会主体的行为及其预期具有关键性影响，因而是区域经济社会保持平稳发展的重要基础和前提。回顾我国城乡二元转型历程，根据本节前述论述可以发现：其实在改革开放初期，受益于中央 1 号文件及其配套文件的连续落地，我国农村经济社会发展快速奠定了相较于城市的先发优势，农村空间已经在农民收入快速增长、集贸市场快速发展、乡镇企业异军突起的共同支撑下，孕育了前景广阔的商品市场和规模庞大的生产要素市场。可以设想，如果农村部门能够始终如一地享受与城镇部门同等力度和类型相近的创新性制度供给的话，那么农村部门将因产业的不断发展、公共基础设施（服务）的不断完善而形成与城镇类似的生产要素集聚功能，农业剩余劳动力、资本、土地等生产要素也将在内部得到高效配置和利用。在要素市场不断趋于完善的背景下，农户就近实现收入水平的快速增长的可能性将会大增，商品市场将因

---

① 中华人民共和国人力资源和社会保障部．人力资源和社会保障事业发展统计公报（2008—2019）[DB/OL]．http://www.mohrss.gov.cn/SYrlzyhshbzb/zwgk/szrs/tjgb/.

② 根据中国统计年鉴（1999—2020）相关数据计算得到。当然，尽管区划调整在建成区面积变化中的作用不容忽视，但城镇土地市场发展的影响更为巨大。

此不断成长和发展，农村整体生机与活力也将因经济基础的支撑而得以持续。

不过，自改革重心由农村转向城市之后的 1986 年起，农村"先行先试"的改革模式中断，事关"三农"问题的综合改革步伐明显放缓，农村进入以自发演进主导的发展阶段，中央 1 号文件直至 2004 年才重新聚焦"三农"问题。

总之，以破解"三农"难题为基本指向的宏观经济政策的非连续性，既没有全面解决农业农村发展所需资源的短缺或相对短缺难题，更没有从根本上扭转农业农村相对落后的困局，造就了明特模型（Hla Myint，1985）语境下城镇和农村两大非均衡市场体系以及在自生发展能力方面具有鲜明反差的两类经济社会组织[①]，最终严重抑制了城乡二元结构的转型。

第三节　城乡二元结构转型滞后性对农村自生发展能力的负面冲击

一、影响机理[②]

城乡二元结构转型是一国实现全面现代化的必由之路，其速度和质量决定着城乡关系变迁的进度与效率。如前所述，改革开放以来，我国城乡二元结构进入转型期，那么相对滞后的转型进程对农村自生发展能力的影响何在呢？"空心村"的出现及其数量变化似乎可以从现象层面给出答案。有研究表明，近年来我国农村空心化格局已经形成，而且表现出"范围扩大、问题增多、速度加快、程度加深"的总体态势[③]，2016 年我国狭义空心村的比例为 57.50%，而广义空心村的比例更是高达 79.01%[④]，表明城

---

① 胡家勇．明特的经济发展理论 [J]．经济学动态，1995（10）：74-77.

② 本节后续部分内容转引自作者本人 2021 年已发表成果。参见：徐世江．空心村滞后发展的自强化机制及其破解路径——自生发展能力视角的解读 [J]．农业经济，2021（3）：34-36.

③ 冉光和，张林，田庆刚．城乡统筹进程中农村空心化形成机理、现状与治理——基于重庆市 54 个村 1 236 户农户的调查 [J]．农村经济，2014（5）：3-8.

④ 李玉红，王皓．中国人口空心村与实心村空间分布——来自第三次农业普查行政抽样的证据 [J]．中国农村经济，2020（4）：124-144.

乡非均衡发展格局仍在延续，决定农村长期发展轨迹的自生发展能力正在呈现下降趋势。正如瑟尔沃（A. P. Thirlwall，1992）所言，"经济力和社会力的作用使有利地区的累积扩张以牺牲其他地区为代价，导致后者的状况相对恶化并延缓它们的进一步发展，由此将导致不平等状态的强化。"[①]

根据本书第三章的界定，在继承已有研究成果和综合考虑城乡关系演化特点的基础上，我国农村自生发展能力可以分解为产业发展能力、社会治理能力、基本公共服务自供给能力、农民个人发展能力等四方面能力。不失一般性，我们可以构造指数化的农村自生发展能力函数如下：

$$V_R = f(P_i) \prod_{i=1}^{4} P_i^{\beta_i} = P_1^{\beta_1} \cdot P_2^{\beta_2} \cdot P_3^{\beta_3} \cdot P_4^{\beta_4}, P_i \in (0,100]$$

$$(5-2)$$

式中，V_R 为农村自生发展能力为，$P_i(i=1，2，3，4)$ 为四项子能力，$\beta_i(i=1，2，3，4)$ 为四项子能力关于 V_R 的弹性系数。

对式（5-2）取对数处理，可得式（5-3）：

$$\ln V_R = \sum_{i=1}^{4} \beta_i \cdot \ln P_i$$
$$= \beta_1 \ln P_1 + \beta_2 \ln P_2 + \beta_3 \ln P_3 + \beta_4 \ln P_4 \quad (5-3)$$

对式（5-3）中的变量进行动态化处理，即关于时间 t 求微分，可以得到（5-4）：

$$\frac{\dot{V}_R}{V_R} = \sum_{i=1}^{4} \beta_i \cdot \frac{\dot{P}_i}{P_I}$$
$$= \beta_1 \cdot \frac{\dot{P}_1}{P_1} + \beta_2 \cdot \frac{\dot{P}_2}{P_2} + \beta_3 \cdot \frac{\dot{P}_3}{P_3} + \beta_4 \cdot \frac{\dot{P}_4}{P_4} \quad (5-4)$$

其中，$\dot{V}_R = \frac{dV_R}{dt}$，$\dot{P}_i = \frac{dP_i}{dt}$。为简化起见，可以记 $\hat{V}_R = \frac{\dot{V}_R}{V_R}$，$\hat{P}_i = \frac{\dot{P}_i}{P_i}$，则式（5-4）可改写为式（5-5）：

$$\hat{V}_R = \sum_{i=1}^{4} \beta_i \cdot \hat{P}_i$$
$$= \beta_1 \cdot \hat{P}_1 + \beta_2 \cdot \hat{P}_2 + \beta_3 \cdot \hat{P}_3 + \beta_4 \cdot \hat{P}_4 \quad (5-5)$$

① A. P. 瑟尔沃. 增长与发展（第六版）[M]. 郭熙保，译. 北京：中国财政经济出版社，2001：122.

这里，$\hat{V}_R$ 和 $\hat{P}_i$ 就可以理解为农村整体自生发展能力和各项子能力的动态变化情况。根据该式所提供的基本线索，我们可以通过解释农村四项子能力的变动趋势，说明城乡二元结构转型滞后性对于农村自生发展能力的负面影响。

二、产业发展能力衰落（$\hat{P}_1 < 0$）

国内外经验表明，产业发展虽然不是区域社会发展的充分条件，却是构成区域发展的必要条件和物质基础。因而，产业发展能力的高低，决定着农村未来的走向和命运。从总体角度看，近年来一部分农村通过内部村民联合或与外部企业联合等途径，实现了产业上的"第二次飞跃"，迈入了内生驱动的良性发展道路；然而与此同时，绝大多数试图依靠外部"输血"改变现状的村庄，却因产业发展能力的下滑而陷入停滞乃至衰退的困境。

（一）农村居民产业发展意愿和投资能力不足

第一，从人力资本角度看：我国绝大多数农民人力资本存量普遍较低，创业技能和经验严重不足，社会资本缺乏，风险承受能力非常有限，选择投资项目意愿和能力十分匮乏，通常不愿将家庭收入用作较大规模的投资，更不愿为了投资而承担各类债务。于是，在没有外力扶持或引导的情况下，其农村社会生产活动基本被"锁定"在细碎而分散的传统种植养殖领域，农业规模化经营和村庄非农产业发展基本停滞。

第二，从农户发展角度看：城乡基本公共服务和社会保障上的巨大差距，使得农民特别是青壮年农民，对城镇定居的预期收益（包括经济收益、社会收益等）评价不断提高。因而，出于自身发展或是为其子女未来成长创造更好发展机遇的考虑，以青壮年为主体的农户家庭一般倾向于通过外出务工提高家庭资产积累水平，在条件成熟时则会选择在城镇定居；而在失去城镇定居希望时，则会选择适当时机退回农村维持生计。简言之，即便外出劳动力将城镇中的就业收入带回农村，也不会将这笔收入轻易用于产业投资，甚至这种投资还会不断减少。有数据显示，1992 年以来，农户固定资产投资占全社会固定资产投资的比重经历了 1993—1996 年的短期上升后，旋即进入漫长的下降期，具体数值已经由 1996 年的

11.1%降至 2017 年的 1.5%，降幅之大超乎想象；以农村人均固定资产投资与城镇居民人均固定资产投资比值表示的农户固定资产投资相对强度的变化趋势与前者的变化趋势基本相同，已经由 1996 年的 0.160 降至 2017 年的 0.036，农户在农村内部的产业投资意愿明显处于下降通道。另有数据显示，1992—2014 年，农户固定资产投资绝对数有所提高，不过 2015 年以来却呈逐年下降趋势，由 2014 年的 10 755.8 亿元的峰值水平逐年下降至 2017 年的 9 554.4 亿元水平，2018 年虽有所恢复，但也仅为 10 039.2 亿元。[①]

第三，从农村留守人员角度看：在青壮年劳动力不断外流的情况下，农村传统种植养殖业的生产目的一般仅限于保障基本生存或少量增加家庭收入（而非实现家庭致富），生产过程也主要是由人力资本水平普遍较低的留守人员（主要是老年人和妇女）来完成，先进生产技术很难甚至无法嵌入生产环节，自然风险与市场风险因此难以化解，产业做大、做强也就无从谈起。

（二）村"两委"产业发展意愿和能力不足

正如前文所述，由于通过整合农村内外部生产要素发展现代化产业，不但需要村"两委"成员具有较强的经济理论和实践知识，需要其在土地流转、股权分配、基础设施建设等方面开展大量具体工作（如解释说明、沟通谈判、多方协调等），还需要其承担投资失败的声誉风险甚至经济风险。因此，这种"费力难讨好"的事情，除少数进取心强烈的村"两委"班子之外，绝大多数村"两委"班子一般不愿轻易涉足。

（三）农村外部组织投资农村意愿不足

一方面，传统农业生产项目通常具有受自然因素影响较大、投资回报周期较长、产品需求缺乏弹性等固有劣势，决定了农村外部企业一般不愿介入。另一方面，现代农业项目或三产融合项目尽管投资回报率较高，但却需要外部投资企业具有大额资金的筹集能力、较强的创意或多元化经营能力、较高的装备水平、高素质的项目管理与技术队伍作为支撑，同时需要在土地流转、项目收益分配等方面获得各级政府部门特别是村"两委"

---

① 根据中国统计年鉴（1993—2018）和中国农村统计年鉴（1993—2019）相关数据计算得到。

的协助，项目达成难度巨大。

值得特别指出的是，二元经济转型过程中，农村生活性基础设施自中共十六届五中全会提出社会主义新农村建设政策以来虽然有所改善，但与城镇的差距并未缩小，农村人才回流农村意愿不升反降，城镇人才资源更是不愿进入农村进行产业投资。更为棘手的问题在于，改革开放以来，受地方城市偏向性政策体系以及农村生产经营体制由集中经营向"统分结合"双层经营转变的影响，农村生产性基础设施建设的投入力度长期低下，产业配套能力异常薄弱，加之乡土社会排斥、可雇用高素质劳动力数量不足等因素的共同影响，大量涉农企业入乡投资的意愿颇低，农村产业发展的规模化、特色化和现代化之路基本被阻断，产业竞争力不断弱化。

三、社会治理能力弱化（$\hat{P}_2 < 0$）

改革开放以来，我国农村内外格局均发生了剧烈变化，急需农村基层组织在治理能力上着力实现快速提升，在社会治理方式方法上与时俱进，在适应外部制度环境快速变化的同时，借助于内部制度创新，全面发挥乡村治理效能，重新凝聚乡村内部的思想、态度和行为，使"三农"发展保持长期活力。然而，现实却恰恰表现出了相反的趋势。

（一）乡村公共利益分化

传统集中体制时代，由于各级政权体系的强力干预，农村内部集体行动困境消失，基本不存在农户个体利益与村组集体利益的冲突，二者联系非常紧密。不过进入市场经济建设时期以来，我国农村的社会开放度骤然提高，受市场经济洗礼和城乡交流日益频繁的影响，农户自身的个体利益特别是经济利益开始上升为首要关切利益。在"统分结合"双层经营体制背景下，由"分"所带来的现期经济利益远大于由"统"所带来的现期收益，因而农户对村组利益的关注度明显下降，二者之间出现严重分化。

与此同时，随着农户价值观和权益观日渐多元化格局的形成，农户之间在公共资源和公共产品利用过程中也伴随性地出现了利益分化态势，农村内部思想、意识、行为进一步发散，传统熟人社会的凝聚力和影响力面临严峻考验，土地征用补偿款分配不公、负外部性活动等事件的独立发生或交织出现，往往成为村民与村民、村民与村组管理者之间的冲突导火索，乡村治理难度显著增大。

（二）农户决策关键主体缺失

农村居民利益的高度相关性乃至一致性，是乡村治理能够取得明显成效的基础和前提，决定着乡村治理主体参与乡村治理活动的主观能动性。二元经济转型初期特别是进入市场经济时代，基于对家庭经济收入的执著追求，大量经济"能人"率先走出封闭的村庄，开始在城镇经商或办厂，随后，青壮年劳动力外出务工更是形成规模之势。相关数据显示：2008 年以来我国农民工规模不断上升，由 2008 年的 22 542 万人增加至 2019 年的 29 077 万人，增量达到 6 535 万人；乡村劳动力转变为农民工的发生概率也呈逐年上升态势，已经由 2008 年的 34.15％升至 2019 年的 46.67％，乡村就业人员与农民工的数量比例也由 2008 年的 1.93：1 降至 2019 年的 1.14：1[①]。更为值得关注的是，农民工队伍的年龄结构和教育结构，均隐含了劳动力外流对乡村治理可能带来的巨大冲击。从年龄结构看，尽管 40 岁及以下农民占比不断下降，但截至 2019 年这一比例仍然在 50％以上，农业流出劳动力仍以青壮年为主；从教育结构看，2008 年以来高中及以上文化程度的农民工比重保持着总体上升态势，由 21.8％提高至 27.7％[②]。这样，我们可以得到一个非常直观的判断，即来自于绝大多数农村家庭的农民工，其实在农村内部属于典型的中坚力量，其在家庭中通常扮演着重要事务决策人的角色。这部分家庭事实决策者的常年外出，直接引发了"决策者不在村、在村者不决策"现象的广泛发生，村庄公共决策无人参与或形式化参与成为常态。另外，在家庭收入主要来源于村庄外部的情况下，除必要的社会保障、土地征收款分配等重大问题外，农户个体利益与村庄整体利益基

---

① 当然，如果农民工能够在身份上转变为城镇居民，那么对农业农村发展和农民工家庭发展均是有利现象。不过问题在于，该组数据显示的庞大的农民工规模，表明这部分劳动力只是完成了就业的非农化转移，而并没有完成社会身份上的市民化转移，只是一种"非永久性乡城迁移"或"暂时性乡城迁移"，这也说明农业劳动力永久性乡城迁移过程中必然还存在多重矛盾。

② 根据《中国统计年鉴》（2009—2020）、《全国农民工监测调查报告》（2009—2019）相关数据整理、计算得到。

本失去内在关联，导致村庄内部传统秩序难以赓续，与农业农村现代化相吻合的新型农村社会秩序也无从建立，村庄整体社会风貌难以通过治理机制得到根本改观。

（三）村"两委"治理能力和治理意愿下降

改革开放初期，我国乡村治理模式快速完成了由"管控"向"放活"转向①，以村民自治和乡镇机构代表国家行使指导职能的"乡政村治"成为我国农村治理的基本格局。这一格局对于保障农村社会稳定发挥了巨大作用，但在实践中也在相当大程度上弱化了村"两委"乡村治理的能力和意愿。原因主要在于三个方面：

其一，在"村民自治"体系下，村"两委"成员全部来自于农村内部。但是，在青壮年劳动力大量外流的现实背景下，村"两委"成员实际上只能从留守人口中产生，基层组织队伍的整体素质下降，对于高层级政府的制度理解、制度传递与制度执行能力，以及向高层级政府表达、维护和增进村民合法权益的能力大大受损，组织效能衰减，公共权威面临内部和外部双重挑战。

其二，在"乡政"体系下，乡镇机关同村"两委"之间的关系虽然是名义上的指导与被指导关系，但在实践环节却逐渐转变为"命令"与"被命令"关系，包括但不限于义务教育普及、扶贫、征兵、土地征用、环境保护、邻里纠纷调解等关乎全局的"大事"和日常"琐事"，均需要村"两委"成员亲自出面协调和处置。然而，由于村"两委"成员的体制外身份决定了其体系内晋升空间有限，因而在"守夜人"角色尚难扮演的情况下，村"两委"成员以发展"三农"为根本目标、为自身工作"加码"的意愿难以生成。

其三，自 2004 年国务院推出减增或免征农业税政策，尤其是 2006 年农业税彻底取消以来，村"两委"工作经费来源渠道变窄且愈发不稳定。这种情况下，为解决工作经费难题，向乡镇"伸手要钱"的同时，从农村内部"攫取"灰色收入现象在地方实践中层出不穷①，严重损害了村"两

---

① 蒋永甫，周磊. 改革开放 40 年来农村社会治理结构的演进与发展 [J]. 中州学刊，2018（10）：19－24.

委"自身在乡村治理过程中的声誉和威信（甚至经常引发村"两委"与村民之间的纠纷和冲突），也在相当大程度上降低了农民对各类"三农"利好政策的预期，极大挫伤了农民参与乡村治理的主动性和积极性，乡村治理成效的提升之源被切断。

四、基本公共服务自供给能力下滑（$\hat{P}_3<0$）

基本公共产品（服务）与私人产品相对应，是同时具有非竞争性和非排他性特点的社会产品，其数量规模和类型完善度是一个地区步入发展快车道的重要保障和基本标志。进入新世纪以来，受社会主义新农村建设政策有序推进的影响，国家和地方政府对农村公共产品（服务）供给的不断加大。然而即便如此，从总体角度看，农村基本公共产品（服务）的自供给能力仍然呈下滑态势。

（一）农村集体经济积累几近空白，村组公共建设能力下降

进入二元结构转型期，以家庭承包经营为基础、统分结合的双层经营体制取代人民公社"三级所有、队为基础"的集中经营体制，成为我国农村基本经营制度，村组绝大多数集体资产被分割为农户家庭资产。这种情况下，村"两委"筹集公共建设资金通常有三种合法渠道可供选择：其一是积极争取各级政府拨款。通常，政府拨款均有专款专用明确要求，可用于公共产品（服务）的份额较小；即使争取的资金属于公共建设投资范畴，但其项目选择首先应满足政府的统一安排，建设项目满足村民生产和生活需要的实效性难以得到保障。其二是将机动地、"四荒地"、集体经营建设用地及村组闲置场地等村集体可支配资源，通过承包、租赁、转让等方式获得非经营性收益。一般来说，由于上述资源相对有限，其处置收益除去补偿村集体日常办公经费后，用于基本公共服务供给的资金非常有限。其三是村"两委"利用上述可支配资源，通过自我经营获取经营收益。这一资金渠道理论上讲有利于确保村集体获得长期经济回报，不过回报率的高低显然取决于村集体成员驾驭市场经济规律的能力。事实上，在以上基本公共服务资金筹措的三个渠道中，前两个渠道的资金流或是不够稳定、或是难保充足。第三个渠道提供稳定收益同样面临重重困难。在农村职业经理人市场基本空白的情况下，不但在村组内甄选出懂经营、善管

理的专业人才难度极大，而且前期用以激活其他闲置资源的启动资金的筹措更是难上加难。毕竟，直至 2017 年，《民法总则》才从法律上确认了农村集体经济组织以特殊法人资格，农村集体经济组织才获得了办理税务登记、开立银行账户、获取银行贷款的资格。

鉴于以上原因，几乎整个二元经济转型时期，我国大多数村庄集体经济组织收入非常微薄，有些村集体长期依靠举债度日。有数据显示，2015 年我国当年村集体无经营收益的比例高达 53.60％，当年经营收益不足 5 万元的比例为 22.68％，当年经营收益 5 万～10 万元的村集体比例为 9.60％，贫困村集体（以上三者合计）占比总计达到 85.88％[①]。据河北、黑龙江、浙江、云南和新疆五省（区）跟踪调查结果显示，2007 年被调查村集体中，当年无经营收益的村占比为 45.4％，当年经营收益不足 10 万元的贫困村占比为 78.31％；但 2010 年被调查村集体中，上述两项数据分别放大至 49.5％和 85.3％，全国农村依靠内源收入开展公益服务的能力非常低下[②]。

与此同时，2006 年农业税的取消，以及农村日常社区管理事务的急剧增加，一方面进一步冲击着村集体收入筹集能力，另一方面又大幅抬高了村集体的日常必要开支。二者相互交织，大部分村庄自我提供基本公共产品（服务）的能力逐渐弱化，也就成为合乎情理的结果。

（二）基本公共服务引致需求和使用效率下降，村组自供给的经济合理性趋弱

其一，在众多农村地区，在非农产业基本停滞甚至趋于萧条的背景下，农户对生产性公共产品（服务）的引致需求下降，特别是对与新兴产业业态相关的基础设施和服务的需求明显不足，对产业科技、产业规划、产业信息系统的需求更是漠不关心。受此影响，在"乡政村治"体系下逐渐异化为村庄日常事务"守夜人"的村"两委"，其优化基本公共产品（服务）供给的责任意识和紧迫意识自然逐渐淡化，不愿为此投入人力、物力和财力。

---

① 农业部农村经济体制与经营管理司，农村合作经济经营管理总站．全国农村经营管理统计年报（2015 年）[M]．北京：中国农业出版社，2016：98．

② 王景新．村域集体经济历史变迁与现实发展 [M]．北京：中国社会科学出版社，2013：229．

其二，随着农村劳动力的加速外流，独立个体村庄在教育、医疗、养老、文化、科技等基本公共服务方面的投资，由于使用者数量下降，因而必然导致其单位运营成本高昂、利用效率低下。这种情况下，相关公益项目从发展滞后村庄外流，不断向人口数量和结构较为合理的邻近农村社区集中。

其三，基本公共服务内部不同项目之间，在显示村集体工作业绩方面存在巨大差异，有些项目的投资效果可能立竿见影，因而容易引起村"两委"的关注和重视；反之，事关农村产业长期发展、农村生态环境质量改善、优秀本土传统文化传承等方面的项目，一般具有建设周期长、显效速度慢等特点，故而村"两委"对此类项目的开发和建设，通常采取忽视、搁置、拖延等劣后决策予以应对。

五、农民个人发展能力减弱（$\hat{P}_4 < 0$）

在外流劳动力不愿回乡的背景下，"三留守"人员（留守妇女、留守老人和留守儿童）构成了众多村庄常住居民的主体，这部分人口个人发展能力的减弱，在相当大程度上拉低了整个村庄的发展活力。

其一，留守老人和妇女大多需要同时负担土地耕种、照料儿童和料理家务等工作，生产和生活压力伴随家庭骨干劳动力外出时间的延长而不断加大，闲暇时间变得更加有限，主动学习新知识、新技术的积极性不断下降，知识和技能型人力资本积累基本停滞。

其二，留守劳动人口自身不断老龄化，健康压力逐渐变大，在村庄养老和医疗体系处于实质性空白状况下，自我照料能力下降，健康人力资本存量趋于下降。

其三，家庭青壮年劳动力的外出，意味着留守儿童教育结构开始出现残缺，除正规的学校教育之外，家庭教育和村庄内部的社会教育缺少必要的实施者和监督者，留守儿童心理健康、行为健康与智育发展受到显著冲击[1]。

---

① 郭开元，张晓冰．我国农村留守儿童权益保护及对策研究［J］．中国青年社会科学．2018（4）：79-84.

综上所述，发源于新中国成立之初、绵延至绝大部分二元结构转型时期的城镇偏向性宏观政策体系，从高度集中的计划经济体制确立时期开始，就已经对农村自生发展能力的演化至少带来了如下两个负面影响：第一，人为地将农民硬性配置在经济效率较低的传统部门，导致其在产业分工体系中处于极为不利的地位，收入增长乏力；第二，人为地将社会发展要素倾斜性地配置于城镇系统，从而在造就了城市繁荣的同时却显著拉大了城乡之间在公共物品与公共服务方面的差异，导致农村基础设施的严重不足和人口总量过剩背景下的人力资本不足。然而，进入城乡二元结构转型期以来，这种城镇偏向性宏观政策倾向并没有在根本上得到扭转，反而一度得到了强化，城乡之间在社会治理、市场和产业发展、基本公共产品（服务）供给、人口发展等方面的差距始终无法消除。换言之，在不利初始条件的低端锁定以及城乡二元结构转型滞后的冲击下，社会总体视角下的农村自生发展能力不断下滑已经成为不争的事实，农业日益小部门化、农村日益边缘化、农民日益相对贫困化的二元分化格局亟待消解。

第四节　本章小结

本章基于我国改革开放以来经济社会变迁历程的回顾，首先系统总结和概括了城乡二元结构转型相对滞后性的突出表现，即：①就业结构转换速度严重滞后于产值结构转换速度；②第三产业发展严重滞后于经济发展；③城镇化变迁严重滞后于工业化变迁。随后，本章进一步揭示了城乡二元结构转型滞后性的基本成因在于：①城镇偏向性的非均衡制度变迁；②市场发展的非均衡性；③宏观政策调整的非连续性。在以上分析基础上，本章构造了一个简约的农村自生发展能力函数，经动态化处理后，结合现实考察，从总体视角梳理了城乡二元结构转型滞后性对农村自生发展能力演化所产生的负面影响。

第六章

城乡二元结构转型与农村自生发展能力演化的关系实证

改革开放 40 余年来，我国城乡二元结构转型在城镇发展一端取得了巨大成就，传统的"乡土中国"已经蜕变为更具现代化意义的"城乡中国"①，同时实现了经济总量的高速增长、产业结构的显著优化和城镇化率的快速提升。不过在此过程中，城乡两大空间部门的发展速度和发展质量并未保持同步，农村发展的相对滞后性一直在延续。当前，面对"三农"问题未能彻底解决②③④、新"三农"问题又已生成的现实困境⑤⑥，以及农村土地面积占比超过 94%⑦、农村人口总量仍然超过 5.52 亿之巨的特殊国情约束⑧，通过加快补齐农村发展短板，积极培育农村自生发展能力，借此弥合长期存在的巨大城乡差距，对于我国全面现代化目标的顺畅实现，无疑具有重大而深远的影响。

那么，农村自生发展能力演化过程中受城乡二元结构转型的影响究竟是通过何种机制发生的呢？二者之间最关键的影响变量何在呢？本章将基于 1981—2018 年官方统计数据，应用向量自回归（VAR）模型，对这两个问题进行实证解释，并试图在此过程中进一步发现农村自生发展能力的演化特征。

---

① 刘守英，王一鸽．从乡土中国到城乡中国——中国转型的乡村变迁视角［J］．管理世界，2018（10）：128 - 146，232.

② 蔡继明，刘媛，刘畅畅．论走出"三农"困境的路径选择［J］．天津社会科学，2020（1）：93 - 102.

③ 卢现祥．为什么三农问题还是问题？［J］．湖北社会科学，2020（2）：65 - 73.

④ 谢芬．新时代中国"三农"问题演变及破解思路［J］．农村经济，2019（6）：15 - 21.

⑤ 李靖，刘圣中．"新三农"问题的表现、成因及解决对策［J］．理论导刊，2016（10）：70 - 75.

⑥ 项继权，周长友．"新三农"问题的演变与政策选择［J］．中国农村经济，2017（10）：13 - 25.

⑦ 本报评论员．改善农村环境 建设美丽乡村［N］．光明日报，2018 - 02 - 06.

⑧ 数据来源：中国统计年鉴（2020）。

第一节　变量选择与模型设定

一、向量自回归（VAR）模型简介

向量自回归模型又称为 VAR（vector auto regression）模型，由克里斯托弗·西姆斯（Christopher Sims）在 AR 模型基础上创立。向量自回归模型的基本思想是将模型系统中一个内生变量视为同一样本区间内所有内生变量滞后若干期的滞后变量的线性函数，因而使得单变量的自回归模型可以转化为由多个时间序列所构成的向量自回归模型。

一般来说，一个 VAR（p）模型可以记为式（6-1）的形式：

$$y_t = C + B_1 y_{t-1} + B_2 y_{t-2} + \cdots + + B_p y_{t-p} + e_t \qquad (6-1)$$

式中：C 是一个 $n \times 1$ 的常数向量，B_t 是一个 $n \times n$ 矩阵。e_t 为误差向量，且满足均值为 0、协方差矩阵为正定矩阵、不存在自相关三个条件。

由于向量自回归模型具有不依赖于严格经济理论支持、对参数无需施加零约束、便于刻画变量之间动态关系等优点，结合本章研究目的在于揭示城乡二元结构转型与农村自生发展能力演化之间的动态关系，因而我们采用该模型展开后续分析。

二、变量选择

我们以农村自生发展能力（viability）为自变量，二元对比系数（dual）为核心解释变量，城市化速度（city）和财政支农强度（finance）为控制变量，通过协整分析、脉冲响应分析和方差分解，考察 1981—2018 年农村自生发展能力同城乡二元结构转型之间的长期稳定关系和短期动态关系。

（一）被解释变量

我们将农村自生发展能力（viability）设定为被解释变量。借鉴综合指数评价的基本理念和已有学者的构建方法[1][2]，兼顾数据的可获得性，从现实效果出发，用"三农"发展指标，即农业发展（ASD）、农村社会

---

[1]　郑长德. 中国民族地区自我发展能力构建研究 [J]. 民族研究，2011（4）：15-24，107.

[2]　李豫新，张争妍. 西部民族地区自我发展能力测评及影响因素分析 [J]. 广西民族研究，2013（3）：161-169.

发展（RII）和农民发展（DCI）三个指标，以相同权重按照式（6-2）的几何平均法进行间接测算。其值越大，表示农村自生发展能力越强；反之，则反是。

$$viability = ASD^{1/3} \cdot RII^{1/3} \cdot DCI^{1/3} = (ASD \cdot RII \cdot DCI)^{1/3}$$

（6-2）

具体来说：

ASD 为第一产业就业结构偏离度的倒数的绝对值。一般来说，ASD 数值越大，代表农业劳动力的配置均衡度越高，农业产出对于劳动力"内卷化"的依赖越弱，农村经济动员与整合能力越强。

RII 为农村住户固定资产投资强度，用农村住户固定资产投资占全社会固定资产投资的比重与农村人口占全社会人口的比重之商测算。由于固定资产投资的决策过程也是对目标区域经济、社会、人文、自然等多重要素的综合评价过程，加之农户在此方面拥有较为明显的信息优势，因而 RII 指标的高低，可以在相当大程度上客观反映各类投资主体对农村综合社会发展能力（乡村治理能力、公共产品与服务的自供给能力等）的真实认知，其值越大表明农村社会发展能力越强。

DCI 为农民发展性消费强度，以农村居民教育文化娱乐支出与医疗保健支出之和占人均消费支出的比重同城镇居民同一指标的比值测算。通常，DCI 数值能够正向反映农村居民自我发展的相对意愿和能力。

（二）核心解释变量

我们以二元对比系数为核心解释变量，用 $dual$ 表示，用第一产业比较劳动生产率同非农产业比较劳动生产率的比值测定。一般来说，二元对比系数的值越大，则意味着城乡二元经济转型的强度越高。

（三）控制变量

控制变量主要由两个变量组成，分别是城镇化速度（$city$）和财政支农强度（$finance$）。其中：

财政支农强度（$finance$）用国家财政支出中农林水支出比重与第一产业增加值占 GDP 的比重之商测算，以其代理各类宏观政策对农村发展的支持强度。一般来说，其值如果小于 1，则可以在相当大程度上说明宏观政策具有城镇偏向性特征；其值如果大于 1，则表明宏观政策对于农业农村发展具有补偿性倾斜的特征。

城镇化速度（$city$）通过常住人口城镇化率测算。一般来说，城镇化水平的变化与户籍、就业、社会保障、公共服务等一系列二元制度安排的一元化调整高度契合。城乡"融合式"的城镇化建设，不但有利于减弱农村的人口和环境压力，而且有利于城乡之间的多元化互动，从而有利于农村自生发展能力的提升；反之，城乡"分割式"的城镇化建设，则会诱发农村各类发展要素的单向外流或效能弱化，造成农村自生发展能力的衰减。

三、模型设定

为了避免潜在异方差的不利影响，在保持数据基本性质不变的情况下，我们对变量数据进行了取自然对数处理，模型设定如下：

$$\ln viability_t = \alpha + \beta_0 \ln dual + \beta_1 \ln finance + \beta_2 \ln city + \varepsilon_t$$

$$(6-3)$$

其中，$\ln viability$ 是农村自生发展能力的自然对数，$\ln dual$ 是二元对比系数的自然对数，$\ln finance$ 是财政支农强度的自然对数，$\ln city$ 是城镇化速度的自然对数；α 以及 $\beta_0 \sim \beta_2$ 是模型的待估参数，ε_t 为随机误差项。

第二节　变量数据

在原始数据选择方面，我们进行了如下考虑：其一是变量数据应同时具有权威性、连续性和一致性，能够确保模型及其结论具有高度可信性；其二是变量数据应在时间上具有充分的覆盖性，能够全面反映城乡二元结构转型过程的全貌。基于以上考虑，本模型中所有原始数据均选自《中国统计年鉴》（1982—2019）、《中国农村统计年鉴》（1985—2019）和《新中国六十年统计资料汇编》等。

一、$\ln viability$

图 6-1 显示了 $\ln viability$ 的变动情况。由图可见，1981 年以来 $\ln vi$-

ability 经历了短暂的上升期后，随即在 1985—1996 年进入波动下降区间，1996 年后则开始进入单调下降过程，2018 年才开始有所回升，但回升幅度极小，仅从−0.97 上升至−0.95，整个城乡二元结构转型期内总体下降特征显著。

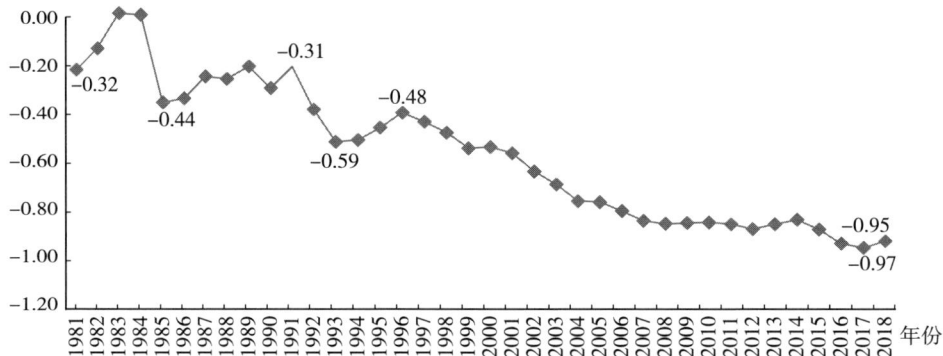

图 6-1 ln*viability* 变化情况（1981—2018 年）

数据来源：根据中国统计年鉴（1982—2019）、中国农村统计年鉴（1985—2019）和《新中国六十年统计资料汇编》相关数据计算得到。

二、ln*dual*

由图 6-2 可以发现，在城乡二元结构转型期内，ln*dual* 始终偏低，

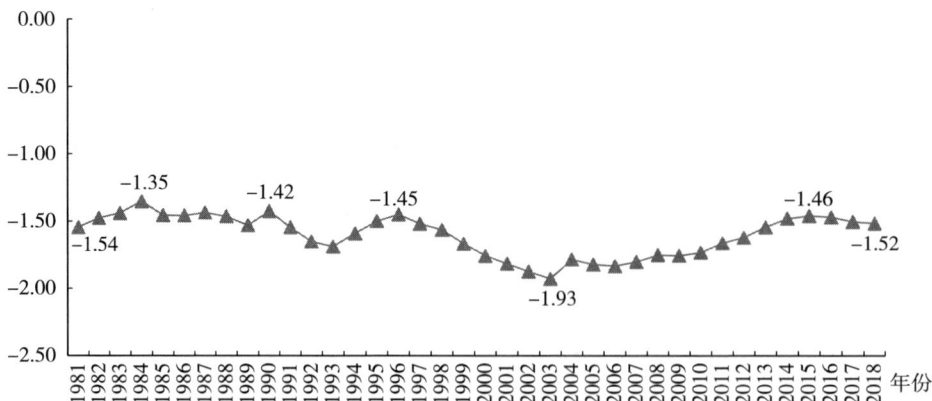

图 6-2 ln*dual* 变化情况（1981—2018 年）

数据来源：根据《中国统计年鉴》（1982—2019）相关数据计算得到。

其最大值出现在 1984 年（−1.35），最小值出现在 2003 年（−1.93）。尽管 2004 年开始，ln$dual$ 出现连续小幅上升，2015 年恢复至 −1.46 的阶段高点，但此后又开始下降，2018 年数值（−1.52）仅略高于改革开放初期 1981 年的数值（−1.54）。

三、ln$finance$

由图 6 - 3 发现，ln$finance$ 自 1981 年开始由 −1.58 快速下降至 1984 年 −1.72 的阶段最低值，此后开始呈总体上升趋势。但是，ln$finance$ 在 1981—2011 年整整 30 年时间里保持负值，2012 年才开始转为正值，2018 年达到 0.28 的历史最大值。

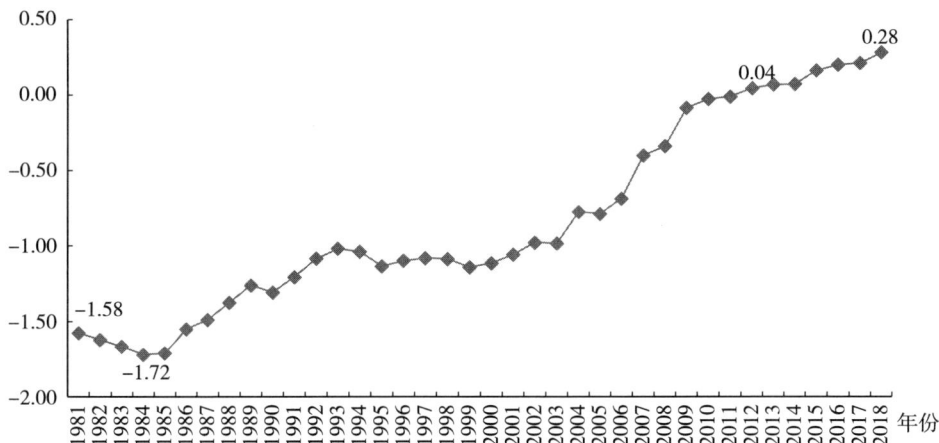

图 6 - 3　ln$finance$ 变化情况（1981—2018 年）

数据来源：根据中国统计年鉴（1982—2019）相关数据计算得到。

四、ln$city$

图 6 - 4 刻画了 1981—2018 年 ln$city$ 的变化情况。与 ln$dual$ 和 ln$finance$ 长期处于横轴下方截然相反，ln$city$ 在整个考察期始终大于零且持续提高，1981 年数值为 3.00，此后分别于 1998 年和 2014 年达到 3.51 和 4.00，2018 年取得极大值 4.09。

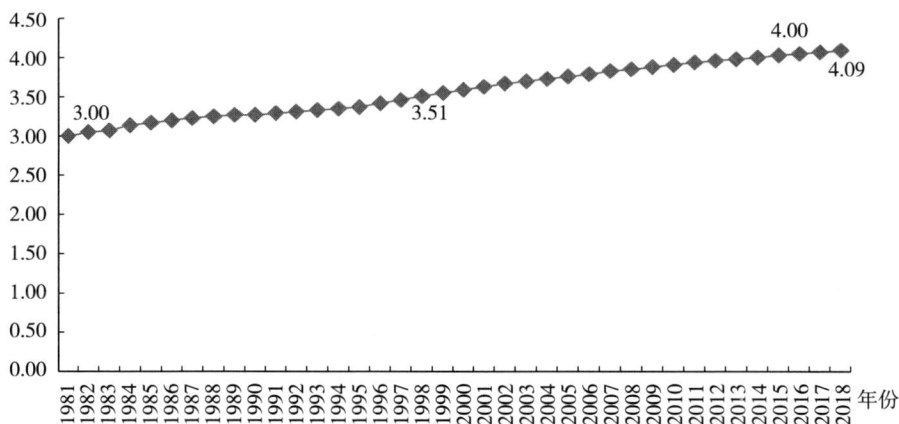

图 6 - 4 ln finance 变化情况 (1981—2018 年)

数据来源：《中国统计年鉴》（1982—2019）相关数据计算得到。

五、变量描述性统计

模型中变量的描述性统计参见表 6 - 1。

表 6 - 1 模型变量的描述性统计结果

	ln viability	ln dual	ln finance	ln city
Observation	38	38	38	38
Mean	−0. 623 401	−1. 601 894	−0. 825 737	3. 571 053
Median	−0. 607 427	−1. 545 081	−1. 049 000	3. 570 000
Maximum	−0. 116 840	−1. 352 210	0. 28200	4. 190 000
Minimum	−0. 974 153	−1. 928 319	−1. 720 000	3. 000 000
Std. Dev.	0. 253 627	0. 152 529	0. 637 652	0. 335 259
Skewness	0. 287 319	−0. 473 762	0. 427 728	0. 003 261
Kurtosis	1. 889 845	1. 986 832	1. 850 422	1. 656 994
Jarque-Bera	2. 474 202	3. 046 829	3. 251 113	2. 855 869
Probability	0. 290 224	0. 217 966	0. 196 802	0. 239 804
Sum	−23. 689 22	−60. 87197	−31. 378 00	135. 700 0
Sum Sq. Dev.	2. 380 082	0. 860 814	15. 044 20	4. 158 758

第三节　模型分析

一、数据平稳性检验

我们应用 EViews 8 软件进行模型分析。在进行向量自回归分析前，首先需要确定数据的平稳性。我们采用 ADF 法对相关变量进行数据平稳性检验。检验结果如表 6-2 所示：在 1% 的显著水平下，$\ln viability$、$\ln dual$、$\ln city$ 和 $\ln finance$ 均不平稳，而各自的一阶差分序列则都是平稳的，也即均服从 I（1）过程，满足向量自回归分析和协整分析对变量平稳性的要求，可以构建向量自回归（VAR）模型。

表 6-2　变量的单位根检验结果

变量	检验形式 $(C,\ T,\ P)$	T 统计量	1% 临界值	5% 临界值	P 值	结论
$\ln viability$	$(C,\ 0,\ 7)$	-0.995 287	-3.670 170	-2.621 007	0.742 0	不平稳
D $(\ln viability)$	$(C,\ T,\ 2)$	-6.425 793	-4.252 879	-3.548 490	0.000 0	平稳
$\ln dual$	$(C,\ 0,\ 1)$	-1.749 279	-3.626 784	-2.945 842	0.398 8	不平稳
D $(\ln dual)$	$(C,\ 0,\ 0)$	-4.909 225	-2.630 762	-1.950 394	0.000 0	平稳
$\ln finance$	$(C,\ T,\ 0)$	-1.821 669	-4.226 815	-3.536 601	0.673 8	不平稳
D $(\ln finance)$	$(C,\ 0,\ 0)$	-5.204 208	3.626 784	-2.945 842	0.000 1	不平稳
$\ln city$	$(C,\ T,\ 2)$	-2.742 306	-4.243 644	-3.544 284	0.227 0	不平稳
D $(\ln city)$	$(C,\ T,\ 0)$	-4.613 120	-3.626 784	-2.945 842	0.000 7	平稳

　　注：检验形式 $(C,\ T,\ P)$ 中 C 代表截距项，T 代表趋势项，P 代表根据 AIC 准则所确定的最优滞后阶数。

二、最优滞后期选择

滞后期的选择，是 VAR 模型构建过程的一个重要前提。合理的滞后阶数，应该既能够保证模型具有充分的动态特征，又不致过度损失模型的自由度。由表 6-3 可知，滞后阶数为 3 时，LR、FPE、AIC、SC、HQ 均达到最小值，因而可以确定模型的最优滞后阶数为 3（表 6-3）。

表 6 - 3　最优滞后阶数检验结果

Lag	LogL	LR	FPE	AIC	SC	HQ
0	77.774 83	NA	1.73e - 0.7	-1.215 705	-4.037 951	-41.543 44
1	256.128 9	305.749 8	1.64e - 11	-13.493 08	-12.604 31	-13.186 28
2	381.273 7	37.357 96	1.01e - 11	-14.015 64	-12.415 85	-13.463 39
3	314.470 2	41.732 73*	4.18e - 12*	-14.998 29*	-12.687 49*	-14.200 61*

注："＊"表示响应准则所选择的滞后阶数。

相应地，包含 $\ln viability$ 与 $\ln dual$、$\ln finance$ 和 $\ln city$ 等四个变量的 VAR 方程的拟合优度达到 98.708 8%。在此基础上，我们可以得到 VAR（3）如下：

$$
\begin{bmatrix} \ln viability_t \\ \ln dual_t \\ \ln finance_t \\ \ln city_t \end{bmatrix} = \begin{bmatrix} 1.476\ 870 \\ 1.507\ 956 \\ -1.888\ 101 \\ 0.179\ 821 \end{bmatrix}
$$

$$
+ \begin{bmatrix} 0.648\ 140 & 0.246\ 189 & 0.011\ 995 & -3.604\ 199 \\ 0.212\ 053 & 0.907\ 459 & 0.201\ 876 & -1.115\ 911 \\ -0.398\ 226 & -0.105\ 843 & 0.801\ 809 & 2.195\ 831 \\ 0.037\ 012 & -0.017\ 461 & -0.029\ 811 & 1.032\ 898 \end{bmatrix} \begin{bmatrix} \ln viability_{t-1} \\ \ln dual_{t-1} \\ \ln finance_{t-1} \\ \ln city_{t-1} \end{bmatrix}
$$

$$
+ \begin{bmatrix} -0.464\ 152 & -0.190\ 078 & -0.185\ 642 & 5.675\ 656 \\ -0.424\ 534 & -0.117\ 165 & 0.010\ 130 & 3.117\ 016 \\ 0.342129 & 0.535\ 951 & 0.005\ 662 & 0.875\ 797 \\ -0.059\ 736 & -0.000\ 133 & -0.025\ 539 & 0.474\ 818 \end{bmatrix} \begin{bmatrix} \ln viability_{t-2} \\ \ln dual_{t-2} \\ \ln finance_{t-2} \\ \ln city_{t-2} \end{bmatrix}
$$

$$
+ \begin{bmatrix} -0.105\ 713 & 0.192\ 871 & 0.107\ 045 & -2.547\ 485 \\ 0.287\ 134 & -0.137\ 757 & 0.078\ 235 & -2.511\ 682 \\ -0.268\ 920 & -0.272\ 370 & -0.188\ 728 & 1.821\ 341 \\ -0.039\ 500 & -0.003\ 756 & 0.063\ 106 & 0.571\ 880 \end{bmatrix} \begin{bmatrix} \ln viability_{t-3} \\ \ln dual_{t-3} \\ \ln finance_{t-3} \\ \ln city_{t-3} \end{bmatrix}
$$

$$
+ \begin{bmatrix} \varepsilon_{1t} \\ \varepsilon_{2t} \\ \varepsilon_{3t} \\ \varepsilon_{4t} \end{bmatrix} \tag{6-4}
$$

与此同时，由于该模型所有根模的倒数均小于1，全部分布于单位圆之内，因此该模型是平稳的，变量之间的关系非常密切，可以进一步开展协整分析、脉冲响应分析和方差分解（图6-5）。

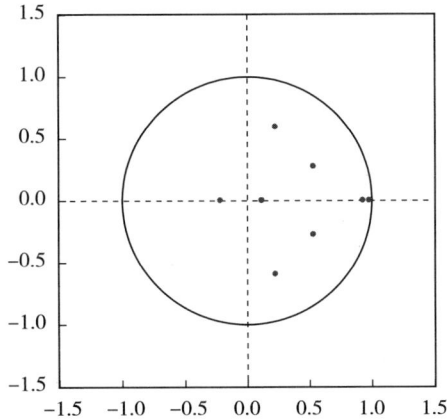

图6-5 模型 AR 根的分布

三、协整分析

我们采用 Johansen 协整检验方法，对变量 $\ln viability$、$\ln dual$、$\ln city$、$\ln finance$ 之间的长期稳定关系进行验证。表6-4和表6-5分别是迹统计量检验结果和最大特征根检验结果，两个检验结果均显示，四个变量在5%的显著水平下存在长期稳定的均衡关系。

表6-4 迹统计量检验结果

原假设：协整向量的个数	特征根	迹统计量	5%显著水平下的临界值	P 值
None*	0.744 785	87.035 22	47.856 13	0.000 0
At most 1*	0.522 018 3	40.603 13	29.797 07	0.002 0
At most 2*	0.367 842	15.635 24	15.494 71	0.047 6
At most 3	0.001 243	0.042 282	3.841 466	0.837 1

注：*表示在5%显著水平下拒绝原假设。

表 6-5　最大特征根检验结果

原假设： 协整向量的个数	特征根	最大特征值 统计量	5%显著水平 下的临界值	P 值
None*	0.744 785	46.432 09	27.584 34	0.000 1
At most 1*	0.522 018 3	24.967 89	21.131 62	0.013 7
At most 2*	0.367 842	15.592 96	14.264 60	0.030 7
At most 3	0.001 243	0.042 282	3.841 466	0.837 1

注：＊表示在 5%显著水平下拒绝原假设。

在此基础上，可以得到正规化后的协整方程如下：

$$\ln viability = 0.053\ 588\ln dual + 0.032\ 722\ln finance - 0.744\ 796\ln city$$
$$(0.044\ 88) \qquad (0.038\ 50) \qquad (0.076\ 46)$$

$$(6-5)$$

由式（6-5）结果可知，$\ln viability$ 与 $\ln dual$、$\ln finance$ 存在同向变动关系，表明第一产业比较劳动生产率向非农产业比较劳动生产率的高水平收敛，以及财政政策向农业农村的倾斜，有利于农村自生发展能力的提升。$\ln dual$ 每上升 1%会引致 $\ln viability$ 上升 0.054%，$\ln finance$ 每上升 1%则会引致 $\ln viability$ 上升 0.033%。但是式（6-5）同时显示了一个较为意外的结果，$\ln viability$ 同 $\ln city$ 存在反向变动关系，$\ln city$ 每上升 1%，就会导致 $\ln viability$ 下降 0.745%。其原因可能在于既有的城镇化过程，是一个以城乡分割为基本特征的城镇化过程，乡城之间劳动力、资金乃至土地的单向流动，严重削弱了农村内部的发展动能。

四、脉冲响应分析

脉冲响应分析和方差分解是系统刻画向量自回归模型中各变量之间动态关系的两个常用方法。其中，脉冲响应分析（impulse response analysis）可以用来描述某一变量对另一内生变量所施加一个标准差新息的冲击（即"脉冲"），所产生的反应程度或反应路径。我们在前述 VAR（3）模型基础上进行脉冲响应分析，得到响应结果如图 6-6 显示。据此可知：

第一，$\ln viability$ 对来自于 $\ln dual$ 的一个标准差新息的冲击，第一期的反应为 0，但从第 2 期开始出现正向响应，从第 3 期开始趋于平稳，表明农业与非农产业比较劳动生产率的趋同，对于农村自生发展能力具有一

Response of ln*viability* to ln*dual*

Response of ln*viability* to ln*finance*

Response of ln*viability* to ln*city*

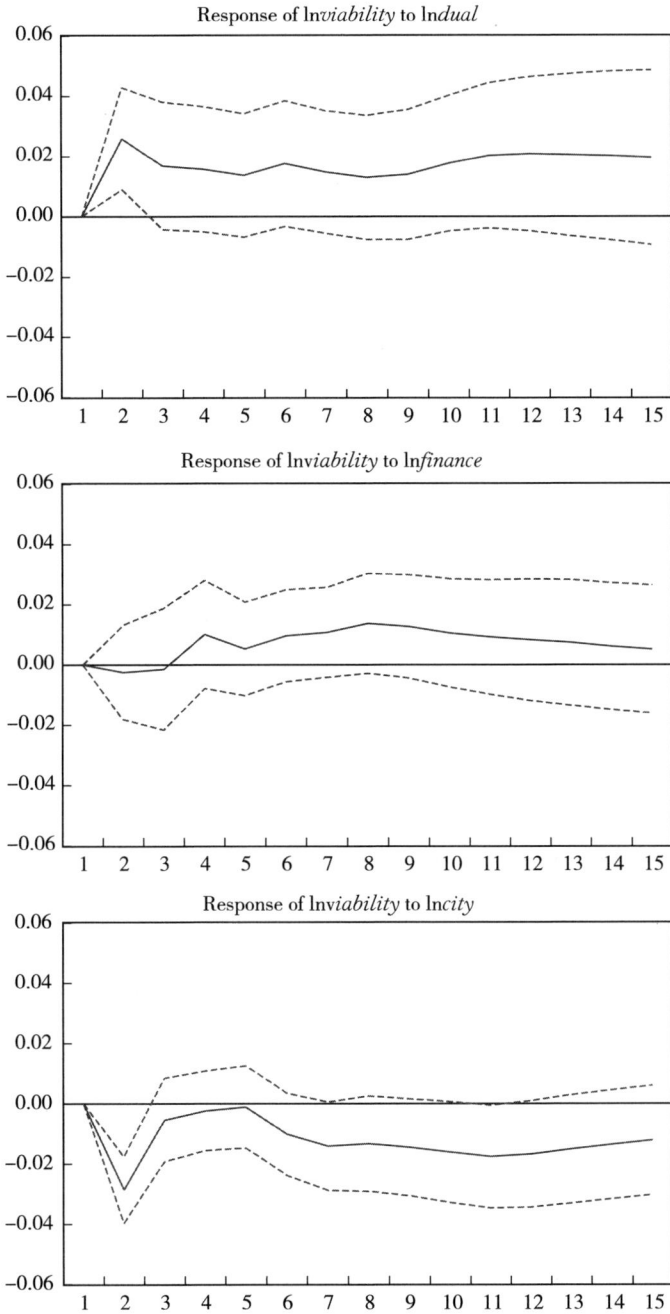

图 6-6　ln*viability* 的脉冲响应

定的拉动效应，但拉动效果不够突出，单纯的产业发展不足以带动农村自生发展能力的全面提升。

第三，ln*viability* 对来自于 ln*finance* 的冲击，从第 3 期开始就表现出显著的正向响应特征，表明以财政支农力度为表征的宏观政策环境的改善，从长期来看不但有利于农业的现代化发展，而且有利于农村和农民的现代化发展，对于农村整体自生能力的提高具有全局性的影响。

第三，ln*viability* 对来自于 ln*city* 的冲击表现出明显的负向响应特征，其第一期的反应为 0，但从第二期开始就快速下降，此后一直保持负值。这一反应路径表明，既有的以城乡分割为主要特征的城镇化过程，对于农村自生发展能力的提升并未产生应有的"涓滴效应"，反而构成了农村资源加速外流、农村自生发展能力不断下降的"放大器"。

五、方差分解

VAR 模型中，方差分解（variance decomposition）是描述各变量之间动态关系的另一个常用方法。如果说脉冲响应函数描述的是 VAR 模型中每一个内生变量冲击模型中各个变量所带来的动态影响，那么方差分解描述的则是来自于各个内生变量的新息冲击对预测方差的贡献水平。为了将 ln*viability* 的方差归因于各个变量冲击的贡献，我们基于前述 VAR（3）模型的分析结果进行了方差分解，结果参见表 6-6 和图 6-7。

表 6-6　ln*viability* 的方差分解表

Period	S. E.	ln*viability*	ln*dual*	ln*finance*	ln*city*
1	0.032 941	100.000 0	0.000 000	0.000 000	0.000 000
2	0.054 443	49.515 05	22.596 00	0.211985	27.676 97
3	0.057 765	45.719 74	28.558 73	0.250 957	25.470 57
4	0.063 636	46.510 22	29.655 66	2.706 166	21.127 95
5	0.065 930	45.183 89	31.939 90	3.163 312	19.712 89
6	0.069 672	40.475 69	34.981 29	4.742 322	19.800 70
7	0.073 419	36.493 26	35.530 77	6.418 825	21.557 15
8	0.077 276	33.705 49	34.909 54	8.938 787	22.446 18
9	0.081 173	31.286 76	34.597 45	10.548 76	23.567 02
10	0.085 430	28.552 33	35.543 24	11.030 26	24.874 17

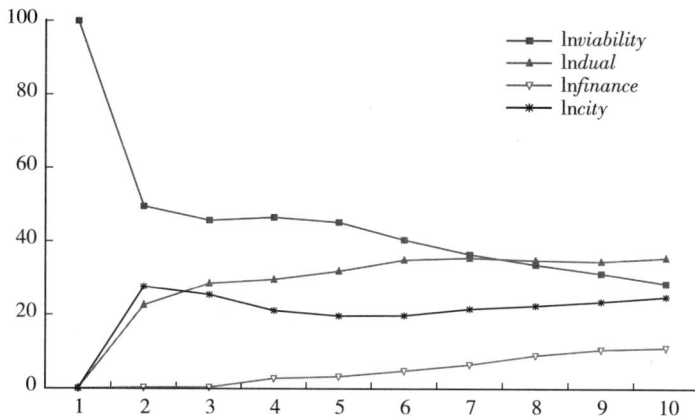

图 6-7　ln*viability* 的方差分解

根据表 6-6 和图 6-7 提供的信息，可以发现：

第一，ln*viability* 对自身变化的贡献度在第 1 期就达到 100％的最大值，此后虽然不断下降，但始终处于很高水平，在整个 10 期预测期内一直大于 28％。由此可见，农村自生发展能力具有明显的自我强化（self-reinforcement）特征，农村内外部主体即使不采取以农村自生发展能力提升为目标的短期行动措施，也会对农业、农村和农民的长期发展产生持续而深远的影响。

第二，ln*dual* 对 ln*viability* 的贡献度在第 1 期为 0，但是第 2 期就升至 22.60％，此后则进一步上升，第 8 期后其贡献度达到 34.91％，超过 ln*viability* 的贡献水平而成为贡献度最高的变量。由此可见，无论从短期角度还是从长期角度看，农业比较劳动生产率的提高，对于农村自生能力的变化均具有举足轻重的影响，值得高度关注。

第三，ln*finance* 对 ln*viability* 变化的贡献率，在前 6 期维持在不足 5％的低水平状态，此后开始不断提高，并于第 10 期达到 11.03％的最高水平。由此可知，在城乡二元经济结构和二元社会结构长期存续的格局下，未来农业、农村和农民的长期发展，还有赖于政府公共资源在城乡之间的平衡配置或是对于农业农村的优先配置。当然，从横向比较角度看，ln*finance* 对农村自生发展能力变化的贡献度明显弱于其他变量的贡献度，因而财政资金的投入效率尚待改善。

第四，lncity 对 lnviability 的贡献率在第 1 期为 0，但是在第 2 期就快速上升至 27.68%，此后经历第 3 至第 6 期的小幅下降后，自第 7 期开始不断上升，逐渐稳定在 21.56%～24.87% 的较高水平。由此可知，农村自生发展能力的演进，既与农村内部全面转型存在高度关联，又同城镇化建设密切相关；城乡之间全方位的互动与融合，可以成为农村自生发展能力不断增强的有力保障。

第四节　本章小结

本章以 1981—2018 年官方统计数据为基础，构建了一个包含农村自生发展能力、二元对比系数、财政支农强度和城市化速度等四个变量的 VAR 模型。利用 EViews 8 软件，通过协整分析、脉冲响应分析和方差分解过程，对我国农村自生发展能力的演化同城乡二元结构的转型进程之间的内在关系进行了实证分析。分析结果表明，农村自生发展能力与城乡二元结构转型之间既存在稳定的长期均衡关系，又存在显著的短期动态关系。具体结论如下：

第一，农村自生发展能力对自身变化的反应非常强烈，明显内嵌着自强化机制。

第二，农业比较劳动生产率向非农产业比较劳动生产率的高水平收敛，对农村自生发展能力变化的贡献度随时间推移而快速放大，对彻底改变农村滞后发展格局、提高农村自生发展能力具有举足轻重的深远意义，是加速农村发展进程的重中之重。

第三，财政支农强度的变化对农村自生发展能力的正向影响非常显著，但贡献强度相对较低，政府公共资源在农村的配置效率需要进一步提高。

第四，既有的城镇化建设对农村自生发展能力的短期影响尽管不够明显，但长期负向累积效果却比较突出，城乡分割发展的传统逻辑亟待扭转。

第七章

农村自生发展能力培育的基本原则与主要路径

自新中国成立以来，科学处理工农和城乡关系，始终是国家现代化进程中的重要议题之一。改革开放全面启动后，我国在经济建设方面的改革步伐不断加快并取得了举世瞩目的巨大成就，"迎来了从站起来、富起来到强起来的伟大飞跃"[①]；工业化和城镇化建设成为拉动中国 GDP 高速增长的核心引擎，2010 年中国以发展中国家的身份，跃居世界第二大经济体，常住人口城市化率由 1978 年的 17.92％提高至 2019 年的 60.60％，已经超过全球平均水平[②]。然而，与之不相匹配的是，以城乡协同为目标的综合改革步伐却非常缓慢，非农化偏向的政策体系一直延续至今。随着青壮年劳动力、资金、土地等各类农村发展要素的乡城单向度流动，"人口空心化""土地空心化""产业空心化""治理空心化"等一系列空心化现象在农村地区正在广泛发生，农村自生发展能力严重不足甚至出现下滑态势。中国特色社会主义进入新时代，国家现代化迈入新征程，"三农"发展摆脱"基础差、底子薄、发展滞后"状态，已经成为全面建成小康社会和社会主义现代化强国的硬核要求。这一新的历史方位下，以培育农村自生发展能力为本源策略，全面补齐农业农村发展短板，从根本上破解农村不平衡不充分发展难题，进而构建城乡"互促互进、共生共存"格局，已经成为解决新时代社会主要矛盾的必然要求和国家全面现代化的必然选择。

---

① 习近平在中国共产党第十九次全国代表大会上的报告［EB/OL］. http：//cpc. people. com. cn/n1/2017/1028/c64094－29613660－2. html.

② 数据来源：中国统计年鉴（历年）。

第一节　农村自生发展能力不足的内蕴风险

世界范围的大量事实证明，发展中国家进入工业化中期后，"生存型矛盾"和"发展型矛盾"叠加成为常态，极易对经济社会的进一步发展造成巨大冲击[1][2]。目前，我国正处于工业化中后期加速发展阶段[3][4]，农村自生能力普遍不足所带来的潜在风险，已经远远超出"三农"本身范畴，值得高度关注。

一、农业边缘化与农产品供给安全风险

改革开放以来，随着城镇和工业的迅速发展，农业在国民经济体系中的重要性不断下降。有数据显示，1978 年农业增加值在 GDP 中的占比为22.7%，2009 年首次降至 10% 以下（9.6%），农业现代化进入发达国家经验下的加速转折点，2019 年进一步降至 7.1%[5]。尽管上述变化与产业发展总体规律基本吻合，但是由农村自生发展能力不足所造成的其他几个问题令人担忧。

其一，农业劳动力持续外流特别是青壮年劳动力持续外流所引发的"未来由谁来种地"的隐忧。有数据显示：2009 年我国外出农民工总量为14 533 万人，2019 年增至 17 425 万人，比 2009 年增加了近20%；从年龄结构看，2009 年 40 岁及以下外出民工占比高达 83.9%，此后这一占比虽然有所下降，但 2019 年仍然高达 67.8%；从受教育程度看，2009 年外出农民工中拥有大专及以上文化程度的比例为 7.0%，而 2019 年则升至

① 蒋和平. 以建设现代农业为重点推进社会主义新农村建设 [J]. 农业科研经济管理，2007（4）：2-6.
② 谢海军. 全面建成小康社会中生存型与发展型矛盾的特征及治理之道 [J]. 理论导刊，2017（9）：26-31.
③ 刘伟，蔡志洲. 全球经济衰退下的中国经济平稳较快增长 [J]. 理论前沿，2009（2）：5-8，13.
④ 夏杰长，张晓兵. 生产性服务业推动制造业升级战略意义、实现路径与政策措施 [J]. 中国社会科学院研究生院学报，2013（2）：20-25.
⑤ 数据来源：中国统计年鉴（2020）。

14.8%，翻倍尚且有余[1]。

其二，小农户农业生产经营的长期积极性存在下降倾向，"兼业化"趋势日益明显。有数据显示，1985 年工资收入在农民人均纯收入总的占比为 18.15%，经营性收入占比高达 74.44%；但是，2019 年工资收入在农民人均纯收入中的占比跃升至 41.09%，而经营性收入占比则大幅降至 35.97%，兼业现象不断深化[2]。农业投资方面，根据 2016 年的国际比较，我国每千公顷耕地上拖拉机使用量和收割机使用量分别只有 27.9 台和 6.9 台，远低于国际平均水平，只高于孟加拉国、伊朗、斯里兰卡等农业极度落后国家，但是每千公顷耕地上化肥使用量则高达 364.4 吨，比农业高度发达的以色列和荷兰的使用量还要高出 95.7 吨和 54.3 吨，农民在农业经营上的长期投资积极性不仅远低于发达国家平均水平，甚至低于一些处于同等发展程度的发展中国家水平[3]。

其三，土地撂荒现象突出，土地经营效率下降。近年来，我国农业经营过程中频繁遭遇价格"天花板"不断压低和成本"地板"不断抬高的双重挤压，经营效益不断下降，农产品比较优势逐年削弱，耕地被大量撂荒，粮食供给的结构性安全和农产品质量安全问题不断显化。有研究显示，2000—2017 年，我国种植业、畜牧业、林渔业和食品初加工业的显示性比较优势指数均出现了明显下降，种植业产品更是从微弱优势产品变成劣势产品[4]。

二、生态环境质量衰退及传统农耕文化衰落风险

对于一个传统意义上的农业农村大国而言，中国农村除了具有一般意义上的生产和生活功能外，其所承载的生态供给和传统农耕文化传承功能，对于我国总体生态安全和文化基因延续具有举足轻重的作用，这是城镇体系无论如何也无法替代的。

然而 20 世纪 90 年代以后，城镇体系在生产和生活功能上的完善程度

①②　根据中国统计年鉴（2001、2019）相关数据计算得到。

③　根据国际统计年鉴（2016）相关数据计算得到。

④　张杰，张珂，赵峰 . 农业劳动力转移性流失、耕地抛荒与"柔性"政策选择研究［J］. 新疆社会科学，2019（6）：131－140，159.

快速提高，农村产业发展能力和基本公共服务自供给能力却呈下降趋势，导致农村居民收入增长方面对城镇和城镇工业、服务业的依赖程度越来越高，伴随着青壮年劳动力的加剧外流，农村留守人员对于农村社会事务的关注度不断下降，生态环境保护难题因此而愈加突出。比如，2017 年我国化肥和农药的使用量分别达到 5 859.4 万吨和 165.5 万吨，相较于 2000 年分别增加了 41%和 29%；但是从另一个角度看，我国化肥利用率又非常低，2017 年水稻、玉米和小麦等三大粮食作物的化肥利用率仅为 37.8%，其大比例流失不但造成了严重的土壤污染，而且还通过耕地径流造成了严重的水体污染甚至地下水污染和空气污染①。

另外，农村是传统农耕文化（中华文明关键内核）的基本载体，农民是农耕文化的天然传承人，对于整个中华民族优秀思想观念、人文精神和道德规范的继承与弘扬具有城镇居民无法比拟的优势。然而，在市场经济的长期冲击下，农户生计模式由自然农户向市场农户甚至城镇住户的转变，青壮年劳动力特别是新生代农民的乡城迁移，在相当大程度上使得具有本土特色和民族特色的物质或非物质文化遗产面临无人传承的严峻挑战。

三、城乡收入与消费差距持续扩大及经济增长减速风险

从支出法的角度看，一国经济增长主要由消费需求、投资需求、政府需求和国外需求拉动。理论上讲，投资属于引致需求，其合理规模和增长速率取决于最终需求的变化情况；国外需求尽管具有规模大、品类覆盖面宽的特点，但却可能在国际经济形势恶化特别是非关税壁垒日趋多样化的负面冲击下，难以保证足够的稳定性。因此，一国经济增长的可持续性，在相当大程度上取决于国内需求特别是居民最终消费需求的可持续性。

然而，执行多年的城市偏向政策，使得城镇化过程中城乡居民收入差异不断扩大，2006 年达到峰值后虽然有所下降，但至今仍然维持在

---

① 邵光学. 新中国 70 年农村生态文明建设：成就、挑战与展望〔J〕. 当代经济管理，2020（4）：1-10.

2.64∶1 的高位水平。如果考虑城乡居民之间在就业、教育、医疗、社会保障等方面的差异，那么实际的收入差距可能会更大。根据凯恩斯的绝对收入假说，收入是消费的基础，始终较高的收入差距必然会导致农村居民消费无法同城镇居民消费实现趋同化收敛，也必然会抑制全社会平均消费倾向和边际消费倾向的稳步提高，从而造成全社会居民消费总需求增长迟缓，内需拉动的经济增长模式难以建立。

有数据显示，以 1992 年为转折点，我国农村居民消费总额开始低于城镇居民消费总额，此后城乡居民消费差距（农村居民消费/城镇居民消费）不断扩大。1992 年农村居民消费总额为城镇居民消费总额的 93%，但是 2019 年这一数值则大幅降至 47.49%。城乡居民人均消费差距与城乡居民总体消费差距的变化尽管并不同步，但是 2019 年二者倍差（农村居民人均消费＝1）仍然高达 2.11∶1，2019 年农村居民人均消费水平（13 327.7 元）仅相当于 2010 年城镇居民人均消费水平（13 471 元）[①]。在此情况下，全社会居民最终消费的 GDP 贡献率长期偏低，2003 年以来一直处于 60% 以下的水平，2019 年降至 55.4%[②]。总之，在投资边际效率递减、国际贸易壁垒趋于隐蔽化和多元化的情况下，城乡居民收入差距和消费差距长期未能有效缓解，因最终消费需求不足而带来的经济增长降速风险极有可能从理论演变为现实。

四、城乡公共服务差异扩大与城乡资源双向流动受阻风险

在经典二元经济理论中，城乡差异被简化为传统农业部门和现代化非农业部门之间的劳动生产率差异，城乡基本设施与公共服务方面的差异并未进入模型讨论范围。其基本结论可概括为一国经济只要跨越刘易斯第二拐点，也即只要农业部门比较劳动生产率与非农业部门比较劳动生产率发散问题得到解决，城乡之间就会进入一元化发展时期。这一结论与中国现实显然存在巨大差异。事实上，尽管二元经济理论在学术界被奉为发展经济学的开端，但就其基本假设和模型基本结论来看，它只是以结构化视角回答了发展中国家经济起飞的条件问题，在本质上仍然属于"增长"理

---

①② 　根据中国统计年鉴（历年）相关数据计算得到。

论，而非严格意义上的"发展"理论。

客观而论，在中国这样一个农村人口规模极其庞大、农村空间异常广阔的发展中大国，依靠农民的非农化就业转移和城镇化定居转移，也即以消灭农村、大比例消减农民的途径来实现城乡二元结构的一元化转型，至少在短期内是不现实的。只有通过提高农村自生发展能力，合理促进农村经济和社会的双重发展，才能在消除城乡经济二元结构特征的同时，有效弱化城乡社会二元结构特征，从而全面实现城乡之间的一元化发展。

回顾中国城镇化快速发展逻辑可以发现，20 世纪 90 年代市场化经济体制改革全面启动之后，城镇因产业资本税收贡献的不断提高，基础设施和公共服务体系获得了空前完善，产业集聚效应和人口集聚效应为新一轮产业资本的进入创造了巨大获利空间，由此为城镇经济社会的新一轮发展提供了强大动力。参照以上逻辑，公共产品（服务）的供给，在地区经济社会发展中扮演着双重角色：其直接作用主要表现为显著改善当地居民的生存与发展质量，其间接但却更为深远的作用在于为产业资本的进入和集聚提供必要的便利性，并因后者的集聚为本地后续发展提供不断增长的收入流、人流、物流、信息流和技术流。以此来看，城乡二元社会结构的存在，特别是农村基础设施和公共服务的落后性，恰恰构成了农村陷入经济社会滞后发展"恶性循环"的重要原因。只要农村基本公共服务的供给短板不能尽快补齐，农村与城镇协同发展、融合发展乃至可竞争发展的格局就无法成为现实。

第二节　农村自生发展能力培育的基本原则

一、以农民的合理诉求和长远利益为基本指向

农村首先是农民的农村，承载着农民就地实现小康的美好愿望与殷切寄托。显而易见，农民是农村现代化建设行动中最关键的利益相关者和最广泛的主体力量，其扎根农村的获得感和幸福感，构成了农业农村现代化的本质和关键标志，而其在农业农村现代化进程中的融入度和支持度，决定着后者的总体进度和质量。

　　然而，农业、农村和农民的利益并非在任何情况下都是"三位一体"、高度一致的[①]；作为弱势群体的农民，其合理诉求和切身利益在农业农村发展过程中很容易受到来自其他利益相关者的冲击。因此，即使出于个体理性考虑，在自身利益无法增进甚至遭受损害的情况下，农民对农业农村发展行动也会持不关注、不参与、不支持的态度，采取消极抵制或积极抵制行动，使得农业农村现代化建设失去自身价值和应有意义，更失去了持久的内在动力。

　　鉴于此，在农村自生发展能力培育过程中，有必要将农民的合理诉求以及长远利益置于首位，将尊重农民、依靠农民、服务农民作为基本行动指针和工作绩效评价标尺，才能获取农民积极、主动且富于创造性的支持。与此同时，要充分认识到乡村振兴过程的艰巨性和长期性，力戒以短期成本—收益分析左右农民迫切期盼项目最终命运的简单做法，全面消除形式主义和政绩工程的潜在危害，对无益于农民利益增进甚至有可能损害农民长远利益的乡村建设行动，及时"亮红牌""踩刹车"。

二、以村"两委"发展能力建构为核心

　　大量经验表明，区域经济社会发展特别是跃迁式发展，往往离不开一个核心组织或群体的发动和引领。村"两委"作为村民自治的法定基层组织，既是各级各类农业农村政策的具体执行者，又是农村内部各类日常事务和重大事务的协调与处理中枢，在农村发展资源存量盘活、增量拓展、优化配置等方面具有无可替代的天然优势和不可推卸的天然责任。

　　当前，在农村社会日益开放化、农民利益和诉求日益多元化、各级涉农涉村政策日益复杂化的背景下，村"两委"在处理日常村级事务、引领农民共同致富、谋划村庄综合发展等方面的能力需求愈加迫切。不过，由于村"两委"成员主要来自于农村内部，人力资本和社会资本明显不足，"领头雁"的作用难以得到有效发挥。鉴于此，在农村自生发

---

　　① 张桂文.中国二元经济结构转换的政治经济学分析［M］.北京：经济科学出版社，2011：212.

展能力的培育过程中，有必要以村"两委"发展能力的建构为核心，不断提高其人员储备力度，丰富和创新其培养形式，并采取多元化的保障和激励手段，激发其立足乡村谋发展的热情和闯劲，使其能够在扭转村庄发展劣势、创造村庄发展新优势、积累村庄发展新动能方面发挥应有作用。

当然，客观地说，在复杂多变的外部环境的影响下，简单地将农村跃迁式发展的核心动力源限定在单极化的村"两委"系统，既不现实、也不可持续。有必要通过体制机制的不断创新，在农村内部培育农民自我组织并鼓励其参与村庄建设的同时，着力引导各类外部组织入乡入村，高效融入农村发展进程，为农村及时输送实用知识、经验和先进技术，协助和配合村"两委"加快农村现代化建设进程。

三、以完善的农村发展规划为遵循

长期以来，在各级政府的高度重视下，我国城镇空间各类发展规划体系建设日臻精细完善，城镇综合发展功能和发展能力也因此变得日益强大。但是与之相反，到目前为止，我国大部分农村仍处于自我演进、无序发展状态之中，耕地和宅基地浪费严重、生产和生活配套设施落后、生态和环境保护意识薄弱、空间景观杂乱、制度（正式制度和非正式制度）约束力不强、传统文化赓续艰难等问题比比皆是，不仅严重影响了村庄整体风貌的改观，阻碍了村庄传统功能的正常发挥，而且阻断了村庄新功能、新优势的生成，妨碍了村庄自生发展能力的可持续性。

追根溯源，以上各类无序发展现象的发生，显然是宏观层面乡村规划体系不健全、微观层面村庄自身缺乏规划制定能力和依规发展意识使然。为此，各级政府部门特别是县级政府部门，有必要发动各类智库机构的积极性，在广泛且深入调研的基础上，形成个体村庄内部发展基础和外部可利用条件的科学判断，并在全面收集村民发展意愿的基础上，与村级基层组织共同编制村庄综合发展规划，从诸如产业、政治、文化、社会、生态等多个角度为农村发展提供决策助力。在此基础上，村"两委"充分利用自身组织优势，以村庄规划为遵循，积极推进村庄建设行动，确保村庄各项事业有序推进和协同发展。

第三节　农村自生发展能力培育的"三加速"路径

一、加速推进系统性制度变迁进程

本书第五章和第六章研究表明，在城乡二元结构转型期的大部分时间里，以经济增长为核心追求的国家发展战略以及受其驱动的地方官员"晋升锦标赛"机制①②，促成了城市偏向性政策体系的刚性持续，造成了我国城乡二元经济结构转型特别是二元社会结构转型的滞后性，并由此诱发了我国农村自生发展能力的普遍不足和众多农村自生发展能力不断下滑的困局。可见，农村现代化进程的快慢，并不单纯是内部发展要素存量及其组合关系的函数；外部宏观制度环境及其变化，会通过诱致城乡要素流动的方式，对农村发展产生决定性影响。简言之，只要城市偏向性制度体系未能得到彻底消除，农村发展要素的流失就将难以避免，农村自生发展能力的演化，就难以实现方向上的转变。

《乡村振兴战略规划（2018—2022 年）》明确提出了农业农村优先发展的基本原则，要求"在干部配备上优先考虑，在要素配置上优先满足，在资金投入上优先保障，在公共服务上优先安排，加快补齐农业农村短板"③，这是我国城乡发展资源分配关系方面的一次史无前例的重大制度变迁，为农村自生发展能力的快速提升创造了前所未有的机遇。

然而，既然城乡二元制度体系是由一系列既存在历时关联、又存在共时关联的单项制度相互配套、相互强化而融合构成，那么每一项单项制度安排的"调整→突破→显效"过程，都需要其他单项制度安排的调整与突破给予必要支持。因而，在国家顶层设计已经基本明确的背景下，地方实践层面的重要任务就在于千方百计地压缩城乡分割性制度安排的存

---

① 周黎安. 中国地方官员的晋升锦标赛模式研究 [J]. 经济研究，2007 (7)：36－50.

② 张牧扬. 晋升锦标赛下的地方官员与财政支出结构 [J]. 世界经济文汇，2013 (1)：86－103.

③ 《乡村振兴战略规划（2018—2022 年）》 [EB/OL]. http：//www. gov. cn/zhengce/2018－09/26/content＿5325534. htm.

在空间和存续时间，因地制宜且权变性地为农村自生发展创造优越的制度环境。

二、加速推进农村内部资源动员与整合进程

全面激活内部资源的潜能，是区域自生发展的逻辑起点和现实基础。贵州塘约村①、吉林陈家店村②、重庆兴隆坳村③等诸多自然条件和社会基础异常薄弱的村庄，其快速步入良性发展道路的实践例证表明，立足农村实际情况，坚持自力更生，通过系统动员和科学整合，深入挖掘、全面激活村庄内部发展资源及其蕴含的发展动能，是农村自生发展能力快速生成、不断强化的可行路径。

具体来说，加速推进农村内部资源动员与整合进程，重点在于如下四个方面：

第一，利用好国家和地方扶持政策、资金和入村人才，主动回应村民重要关切，优先在补短板方面加大投入，快速改善村庄生产条件和生活环境，为村庄内外部资金转化为产业资本创造最大便利。

第二，全面盘活村集体所有的经营性用地、机动地、闲置场地、房产、设备等发展资源，通过各种市场化手段，在资产保值的前提下，千方百计增加村集体经营收益，并将经营盈余进一步用于改善村庄基本公共服务和村民福利，提高村民的归属感、幸福感以及对村"两委"的认同感，为村"两委"进一步动员和整合村庄发展资源奠定坚实基础。

第三，以实用灵活的手段，积极宣传集体化道路对于克服分散经营弱势的必要性和可行性。在条件成熟时，广泛动员农民将农地承包经营权、宅基地、资金、劳动力等显性发展资源和非物质文化遗产、特殊技艺等隐性发展资源，以入股形式投入村"两委"领办或同外部资本合作创办的集

---

① 冯道杰，程恩富. 从"塘约经验"看乡村振兴战略的内生实施路径［J］. 中国社会科学院研究生院学报 . 2018（1）：22-32.

② 李恩，孙赫然. 农村土地适度规模经营现状及发展对策——以吉林省农安县陈家店村为例［J］. 管理学刊，2014（2）：46-50.

③ 中共中央组织部组织二局. 发展壮大村级集体经济［M］. 北京：党建读物出版社，2018：106-111.

体经济组织，本着"宜农则农、宜工则工、宜商则商"的原则和增加村民就业岗位的原则，发展规模化、集约化、专业化和特色化产业项目，稳步提高农户资产收入和工资收入。

第四，鼓励农民广泛参与集体经济组织的经营活动，在此过程中培养村民的合作精神、科学精神和契约精神，引导农民在认知层面实现"自然小农"向"经济人"和"组织人"的转变。与此同时，着力扶持农民自发组织发展，并通过其自我约束、自我管理机制，培养农民的主体意识、责任意识和奉献意识，促成农民实现由"组织人"向"社会人"和"现代人"的转变。在以上两方面取得明显成效的情况下，不断优化村庄正式制度和非正式制度，引导农民在村庄生态保护、文化传承等方面主动加大劳力投入和资金投入，为进一步打造村庄特色（也即未来独特发展资源）蓄力。

三、加速推进城乡融合进程

所谓城乡融合发展，是指城镇和农村在发展资源交互自由流动、产业合理分工合作、文化交叉共生、区域功能互促互补的过程中，不断完善城乡居民协同发展机制的社会实践过程。城乡融合的形式和内容主要包括经济融合、社会融合、文化融合、生态融合、功能融合等诸多方面，是城乡关系演进的理想状态，也是众多发展中国家现代化愿景的重要内容之一。

全球性的历史经验表明，空间维度下，城镇和乡村两大系统组成了完整的现代人类社会，二者之间在发展关系上由分离、对立向融合的转变，是人类社会发展带有普遍性的基本规律和历史趋势。正如马克思和恩格斯所言，"城乡关系一改变，整个社会也跟着改变"[①]。巴西、智利、墨西哥等拉美国家在步入工业化中期阶段后纷纷落入"中等收入陷阱"的历史教训则进一步表明，城乡融合发展不仅是发展中国家经济稳定增长、社会平稳发展的重要保障，而且是城乡二元结构转型的必然选择和关键路径。

事实上，我国城乡融合发展的探索和实践已经持续近 20 年。2003 年

---

① 马克思恩格斯选集 [M]. 第 1 卷. 北京：人民出版社，1995：157.

十六届三中全会提出的"城乡统筹"发展战略，2004 年十六届四中全会提出的"两个趋向"重要论断，2013 年十八届三中全会提出的"城乡一体化"体制机制，均是对城乡融合发展战略的先期探索，而 2017 年中共十九大报告、2018 年《乡村振兴战略规划（2018—2022 年）》以及 2019 年《关于建立健全城乡融合发展体制机制和政策体系的意见》的出台，则标志着我国城乡关系正式开启了融合发展的历史帷幕。

总体而言，城乡融合发展对培育农村自生发展能力的作用和意义至少可概括为如下三个方面。

第一，为农村产业发展创造物质条件。城乡经济资源的交互自由流动，特别是伴随城镇资金、技术、人才等各类生产要素由城入乡的流动，有利于活化农村内部"沉睡"资源，优化其配置效率和利用效率，从而在助力农业全产业链现代化的同时，为宜农宜村第二、三产业以及三产融合项目的发展创造便捷条件，持续提升农村产业发展能力。当然，在非农产业项目稳定发展的过程中，大量新的就业岗位将被快速创造出来，新的创业机会也将陆续涌现。在此背景下，本地留守劳动力非农化转移的概率，以及外出青壮年劳动力返乡创业（或就业）的主观意愿将会大幅提升，"空心化"农村向"实心化"农村的转变也将因此而逐步成为现实。

第二，为农村持续发展提供知识动能。现有众多理论研究成果已经证明，知识、技术等隐性发展要素的积累和更新，是区域自生发展能力生成及强化的基础支撑。城乡融合发展过程，其实也是城镇各类现代理念、文化、产业技术、管理经验、信息向农村溢出的过程，又是农村居民和农村组织补充、更新和优化既有知识体系的过程，因而还是农村劳动力人力资本总量不断提高、人均资本存量不断增长的过程，对于农村地区提升自身适应日益复杂化的外部环境变化的能力具有深刻而长远的影响。

第三，为农村新功能、新价值的生成提供新机遇和新需求。城乡分割发展状态下，农村之于城镇居民和各类组织的功能与价值相对有限，主要体现为提供基本生活资料、工业原料、廉价土地和劳动力。随着城乡融合进程的深入推进，城乡产业交流和人口交互流动将会日益频繁，加之农业农村优先发展政策的落地实施，农村交通、通讯等生产生活基础设施会不断趋向完善，农村生态环境会不断趋向优化，农村优秀乡土文化的传承将不断趋向完整有序。这种情况下，农村在生产、生活、生态、文化、教育、市场等方面的新功能和新价值，将会日益受到城镇系统的认可，同农村传统文化紧密结合的新业态、新景观、新风貌更会得到城镇系统的青睐，为其投资和消费的愿望也将愈加强烈，从而有利于农村系统快速迈向全面、动态、可持续发展道路。

第四节　本章小结

中国特色社会主义已经进入新时代，这一历史方位下加快培育农村自生发展能力，是实现城乡均衡发展和国家全面现代化的必然选择。基于此，本章详细探讨了农村自生发展能力持续匮乏可能带来的潜在风险，进一步证明了加快培育农村自生发展能力的时代意义和深远影响。在此基础上，从总体视角出发，系统梳理了农村自生发展能力培育过程中应该遵循的基本原则，并概要提出了农村自生发展能力培育的"三加速"路径，即加速推进系统性制度变迁进程、加速推进农村内部资源动员与整合进程以及加速推进城乡融合进程。

第八章

农村产业发展能力培育的
核心难题与应对策略

从加总角度看，我国农业基础地位突出、农村地域范围广大、产业劳动力丰富，具有巨大的发展潜力和广阔的发展空间。但是从个体角度看，我国农村部门内部分化现象非常严重，尽管少数村庄已经通过前期努力而完成了内生驱动的现代化转型，但是绝大多数村庄则主要依靠外部驱动或扶持而艰难前行。从直接原因看，产业发展能力的欠缺应该是问题的症结所在，毕竟，在人类社会发展进程中，"经济的前提和条件归根结底是决定性的"①。因此，深入探究一般农村产业发展能力的生成障碍，并据此提出较具普遍性的应对策略，对于加速培育农村自生发展能力，具有非常明显的实践意义。

第一节　农村产业发展能力培育的核心难题

一、产业发展法律法规建设滞后，支持政策模糊，要素市场有效供给不足

产业发展离不开法律法规所赋予的公平发展环境，也离不开法律法规在稳定产业活动利益相关主体未来预期方面所给予的保障和激励。近年来，我国"三农"法律体系建设步伐有所加快，但涉及农村产业发展方面的法律法规建设却明显滞后于复杂的客观实践需求，地方化试点经验上升为法律表达的速度偏慢，条块分割背景下法律法规之间的衔接问题仍然广

---

① 马克思恩格斯选集［M］. 第 1 卷 . 北京：人民出版社，1995：696.

泛存在①,模糊化的支持政策比比皆是,极大影响了农村产业组织所需生产要素的有效供给。比如:

其一,农村宅基地方面,虽然《物权法》规定,"宅基地使用权的取得、行使和转让,适用土地管理法等法律和国家有关规定。"2019年《土地管理法》(修正案)也明确规定,"国家允许进城落户的农村村民依法自愿有偿退出宅基地",但是截至目前,国家既没有出台明确的宅基地转让规定,也没有出台明确的宅基地退出补偿标准或补偿标准计算办法,农村基层组织更是无力启动相关程序,如何盘活农村闲置宅基地难题仍然难以破解。

其二,耕地方面,虽然"三权分置"改革已经取得明显突破,《民法典》明确规定"土地承包经营权人可以自主决定依法采用出租、入股或者其他方式向他人流转土地经营权。"不过,农民在以土地承包经营权入股各类产业组织的过程中,入股价值如何评估、农民中途退股权利如何行使、入股产业组织解散后土地承包经营权如何清算等实践问题依然没有清晰的法律规定,耕地承包经营权活化为农民资产的潜力远没有发挥出来。

其三,集体经营建设用地方面,尽管十八届三中全会提出"在符合规划和用途管制前提下,允许农村集体经营性建设用地出让、租赁、入股,实行与国有土地同等入市、同权同价",此后,2019年《土地管理法》(修正案)正式确立农村集体经营建设用地的入市制度,不过出于土地财政的利益考量、产业用地的效益考量、存量用地规模的考量以及土地增值收益分配的考量②,各级地方政府推动力度意愿却非常低,集体经营建设用地入市渠道、入市价格、收益分配等具体政策文件还基本处于空白状态,严重抑制了农村工业和服务业的用地需求。

其四,金融贷款方面,《物权法》和《担保法》均有关于耕地、宅基

---

① 比如,2017年《民法总则》通过前,农村集体经济组织、农民专业合作组织长期长期处于无法人地位进而无市场主体地位的尴尬状态,工商注册、合同订立、票据开立等诸多合法经营项目无法开展。《民法总则》通过后,虽然二者获得了特别法人地位,但其生产经营过程中的适用税率却并未获得《税法》的合理界定。

② 刘晓萍. 农村集体经营性建设用地入市制度研究[J]. 宏观经济研究,2020(10):137-144.

地、自留地等集体所有土地不得抵押的明确规定，这一规定基本阻塞了村集体和农民通过商业性金融机构获取必要经营资金的正规渠道。

其实，上述列举内容仅仅是问题的"冰山一角"，在改善农村产业发展要素有效供给方面，国家法律法规体系和各级地方政府相关执行办法亟待加快出台，二者之间的衔接机制也需要尽快落地实施。

二、小农分散经营思想盛行，农民人力资本水平低下，农业产业化和现代化困难重重

人多地少的现实约束下，以"生存至上"为基本特征的小农经济思想在我国农村由来已久且持续至今。改革开放之初，"政社合一"的农业经营体制迅速分解，家庭联产承包责任制改革过程中，农地基本按照人口公平原则细分至农户。这样，面积极为有限且高度零散化的耕地，其功能再次被农民复归为保障自身基本生存需要，以土地经营求富裕的观念基本被农民所否定和抛弃。在农村新型集体经济自身成长性明显偏弱的情况下，农民对集体化道路的认同感普遍较低，甚至存在"农村集体经济组织是大集体残余"的认识误区[1]，因而将手中土地承包经营权流转给集体经济组织的意愿普遍不高。有数据显示，2016 年全国家庭承包耕地转入农户的比例高达 58.4%，而转入企业和专业合作社的比例仅为 31.3%[2]，农业小规模细碎化经营格局并未打破，规模化农业经营户在农业经营户中的占比仅为 1.92%[3]，"小农户"复制现象非常突出[4]，农业规模化和集约化经营面临严峻挑战。

农业产业化的实现，要求农民同时具备"懂技术"和"善经营"两大基本特征，也即不但要掌握先进的农业生产知识和技术，又要具有成熟的农业经营理念和经营技巧。但是，第三次农业普查结果显示，截至 2016 年末，我国农业生产经营人员中青壮年劳动力极其稀缺，35 岁及以下劳

---

① 朱有志，等. 中国新型农村集体经济研究 [M]. 长沙：湖南人民出版社，2013：121.

② 根据农业农村部官网相关数据计算得到.

③ 转引自国家统计局. 第三次农业普查数据. http://www.stats.gov.cn/tjsj/pcsj/.

④ 郑阳阳，王丽明. 土地流转中为什么会形成大量小农复制 [J]. 西北农林科技大学学报（社会科学版），2020（4）：90-98.

动力占比仅为 19.2%，而 55 岁及以上"高龄"劳动力占比却高达33.6%；从农业劳动力受教育程度看，初中及以下受教育者所占比重超乎想象，达到 91.7%，其中未上过学和小学受教育者合计占比高达 43.4%，而高中及以上受教育者的比例仅为 8.3%[①]。由此可见，我国农业劳动力总体人力资本水平明显较低，胜任农业产业化和现代化的基本素质和能力亟待提高。

三、村集体可支配资源有限，产业经营能力不足，新型集体经济发展艰难

同是在改革开放初期的包干到户过程中，全国农村在"分"和"统"的关系处理上，普遍采取了重"分"轻"统"的做法，绝大多数可分割的集体资产（如农业机械、大牲畜甚至建筑物）被"拆解"分配给农户，客观上导致后续很长一段时间里，村"两委"从事统一产业经营活动普遍面临实物资产不足的严重制约，农村集体经济特别是村组企业一度出现日渐式微的尴尬局面。这种局面反过来进一步导致村集体收入来源极度萎缩，严重抑制了其资金积累水平，很多村集体依靠举债维持日常运转，进行产业经营不仅在外部融资上缺乏必要的抵押物，内部资金筹措渠道同样非常狭窄。

进入 21 世纪以来，特别是随着国家对农村社会发展重视程度的不断提高，村"两委"在日常事务管理方面的职责范围不断扩大，需要投入的时间和精力大幅提高，而面对如何盘活乡村沉睡资产、如何运营和管理新型集体经济组织的挑战，则显得束手无策。与此同时，在市场经济改革已经无差别地覆盖城镇和乡村两大空间的背景下，村级集体经济组织经营绩效对管理者专业化能力的依赖性越来越强。因而，几近空白的农村职业经理人市场和村"两委"成员产业经营知识与技能方面的结构性欠缺，正在成为农村新型集体经济起步和持续发展的重要短板。

由图 8-1 可以发现，2019 年我国农村当年无经营收益的村占比为28.8%，当年经营收益不足 5 万元的村占比为 28.9%，当年经营收益

---

① 转引自国家统计局官网．第三次农业普查数据．http：//www.stats.gov.cn/tjsj/pcsj/．

5 万～10 万元的村占比为 18.0%，三者合计高达 75.7%，农村集体经济发展可谓异常艰难。

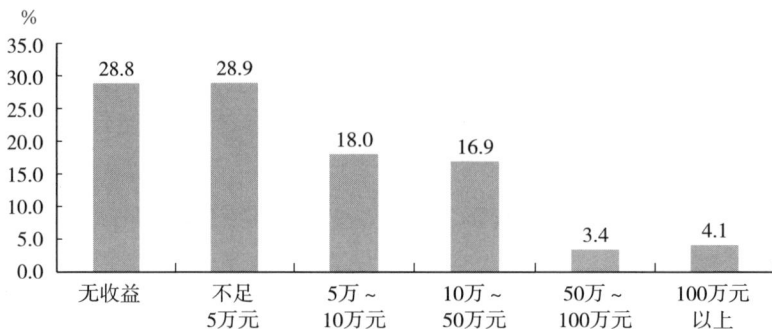

图 8-1 2019 年以村集体当年经营收益分组的村庄比例

数据来源：农业农村部政策与改革司.2019 年中国农村政策与改革统计年报 [M]. 北京：中国农业出版社，2020：33.

四、农村产业和生活基础设施薄弱，外部产业资本集聚难度高，返乡入乡人才吸引力不足

相较于传统农村而言，当代农村已经不再是一个可以在封闭条件下实现产业发展的空间区域，外部产业资金的注入、村庄青壮年劳动力返乡创业以及城镇优秀人才入乡提供各类产业知识，对于激活农村产业资源、加速农业现代化、丰富农村产业业态具有显而易见的拉动作用。不过，这种拉动作用并不会自动实现，即便国家和地方政府政策支持引导力度不断加大，仍然需要农村内部满足一系列特定的前提条件，其中产业和生活基础设施的完备性就是显而易见但却至关重要的前提条件之一。

如本书第五章和第六章所述，在 1978 年开始的城乡二元转型时期的大部分时间里，我国城乡关系更多地表现出城市偏向性特征，农村资金和劳动力持续净流出的同时，城乡二元社会结构的基本特征并未得到显著削弱，城乡生产和生活基础设施的巨大差异已经成为制约产业资本和产业人才流向（或回流）农村的核心因素。

从产业基础设施角度看，近年来我国各级财政投向农林水的资金尽管逐年递增，但相对于农村产业发展的长期需求而言仍显不足，农田水利设

施建设与维护、道路升级与保养、电力增容、互联网接入等诸多生产性服务的短板效应仍然非常突出。

而从生活基础设施与服务角度看，近年来我国各级财政资金投入虽然也呈大幅提高之势，但城乡之间的差距依然巨大，不但难以激发农村外出青壮年劳动力的返乡创业意愿，更是无法吸引城镇产业人才扎根农村开展创业或产业服务活动。

第二节　农村产业发展能力的培育策略

一、快速优化法律和政策环境

根据投资和经营主体的差别，可以将农村产业划分为内部产业组织、外部产业组织以及混合产业组织。其中，内部产业组织是指由农村居民（个体或群体）投资创立的产业组织，外部产业组织是指由外部投资者（城镇或其他村庄的经济主体）在本村投资创立的经济组织，而混合产业组织是指由村内农户、村集体或产业组织同村庄外部投资者通过合伙、股权合作等形式在本村共同创立的经济组织。显然，从我国城乡二元结构的长期存续以及转型滞后特征角度看，无论是何种形式的农村产业组织，其发起和发展都是建立在生产要素有效供给基础之上，而这恰恰是农村产业发展的重要"痛点"之一。为此，可以考虑如下应对举措：

第一，切实提高法律法规的横向协同性和纵向衔接性。一是全面提高法律法规的横向协同性，确保涉及农村产业发展的各项法律法规之间不留空白、交集部分高度兼容；二是全面提高法律法规的纵向衔接性，确保涉及农村产业发展的上位法的相关条款以及高层级权力机关出台的政策文件，能够在下位法中获得强力支持和无折扣执行，避免二者之间出现不一致乃至相互抵触情况的发生。

第二，优化农村产业组织市场主体赋权机制。加大法律法规的边际调整力度和增量提速力度，以平等市场主体地位赋权为指向，系统破除农村产业组织在各类要素市场中的进入和经营壁垒，从农村产业组织创立、用地流转、日常生产经营到纳税、收益分配、投融资等各个环节，确保其作为市场主体的合法权利得到全面落实。

第三，地方政府通过制度创新加大扶持和引导力度。作为农村产业发展的外部推动者和区域协调发展的直接受益者，地方政府特别是县级政府有必要在全面落实农业农村优先发展方面，围绕增加各类要素的有效供给进行制度创新上的先行先试，加大各类新型农业经营主体培育力度，鼓励农村经济组织优化组织结构和股权结构，引导涉农金融机构加大农村产业扶持力度，鼓励民间资本、专业技术人才以资金、技术入股等形式提升组织运营效率，促进村组之间根据各自比较优势进行多元化合作。

二、积极培养现代化农民

经典人力资本理论认为，农民的现代化是改造传统农业的根本途径[①]。对于当代和未来中国而言，农民人力资本开发是一个应城乡二元结构加速转型和乡村振兴双重要求而引发的长期命题。随着市场化改革的不断推进、农业基础地位的不断提升以及农产品社会需求的不断升级，农业产业化和现代化已经成为农业农村可持续发展的必然选择；而积极培养现代化农民，使其在思想、认知和行为上具备显著的现代化特征，则构成了农业产业化和现代化的根本保障。

第一，通过务实的宣传策略，改变农户对于土地功能和价值的认知偏见。以农民喜闻乐见的形式和广泛的信息渠道，加大农业产业化和现代化成功案例的宣传力度，特别是加大依靠科技投入、先进农机具应用、适度规模经营、一二三产有机融合等现代化经营途径实现快速致富的典型案例的宣传力度，从根本上改变农民依靠土地经营无法实现致富梦想的传统观念，提高其对科技力量和合作化路径的认同感。

第二，加快构建农民人力资本开发"实践共同体"。农业产业化和现代化进程的滞后性，本质在于农民人力资本总量不足、结构单一，在于农民所拥有的知识、技术、信息、社会基本素养难以适应城乡要素双向流动的客观需要。农民依靠自身力量完成人力资本开发的传统模式已经不再符合乡村振兴的客观需要，只有以"实践共同体"观念为引领，建构科学有效的农民人力资本开发系统，才能在根本上确保农民发展权益的实现。一

---

① 西奥多·W. 舒尔茨. 改造传统农业 [M]. 梁小民，译. 北京：商务印书馆，2010.

是加快补齐农民人力资本开发软硬件短板，破除农民人力资本开发的瓶颈制约。强化涉农政府部门的分工与合作，在农村基础教育、医疗卫生事业、公共文化体育设施、农民社会保障等公共产品与服务领域，适度加大投入力度，有效发挥政府在农民人力资本开发过程中的兜底保障功能。二是通过建立区域统筹制度，合理配置农民人力资本开发的存量资源，全面调动教育、培训、科研机构参与农民人力资本开发的积极性。三是充分发挥产业政策工具效能，对城乡经济社会组织参与农民人力资本开发的实践，在项目审批、税收、信贷等方面给予适度倾斜。四是建立分级分类补贴制度，对农民家庭和经济社会组织短期内无法收回投资的人力资本开发项目采取分级分类提供普惠性补贴的办法，有效填补社会投资缺口。

第三，全面拓展和延伸农民人力资本开发主体的参与渠道。一是培育和壮大涉农经济组织，鼓励其在服务农民生产经营对接农业现代化的过程中，引导农民深度参与，实现农业现代化经营新理念、新知识、新技术、新信息在农民群体中的广泛普及。二是加快发展新型农村集体经济，以其为平台充分整合农民经济利益和社会利益，快速激发农民自身人力资本开发的参与热情，并在此过程中培养农民的科学意识、民主意识和集体意识，使其基本社会文化素养在短期内实现跃升。三是切实提高农业现代化优秀人才的引流力度，采取用地优先协调、启动资金优惠供给、带动农户致富优先奖补、社会政治身份适当倾斜等措施，吸引外流优秀人才和城镇各类实用人才返乡创业、入村兴业，全面发挥两类人才在农村存量人力资本开发方面的示范效应和带动效应。

三、加快发展农村新型集体经济组织

事实证明，走新型集体经济道路，既是农村发展实现"第二次飞跃"的关键①，也是有效增强农村自我"造血"机能的关键。

第一，实施农村内部产业精英人才培育计划。一是注重从村"两委"班子成员、新型农业经营主体带头人、农村新业态创业者中遴选有志于通过集体化道路带动本地居民共同发展的各类人才，将其纳入重点培养序

---

① 中共中央文史研究室编．邓小平年谱（下）[M]．北京：中央文献出版社，2004：1 349.

列。二是基于对重点培养对象的能力需求分析，协调各类人才培养机构（如农业科研院所、涉农高校、涉农龙头企业等），选聘经验丰富的培训人员，开发有针对性的培训方案和培训内容，选择灵活实用的培训形式，实施持续的人才培养工程。

第二，完善农村新型集体经济组织外部人才优先供给机制。在全面研判村庄产业发展优势与劣势的基础上，科学论证新型集体经济的突破口，通过社会招募、特派员派驻等灵活机制，将农村急需经营管理人才和技术人才及时输送至对应乡村，为后者快速提升新型集体经济发展能力提供外部人才保障。

第三，适度加大财政和金融扶持力度，提升农村新型集体经济组织项目启动能力。一方面，可以考虑加大产业基础设施投入、财政奖补、贷款贴息力度的同时，采取设立专项发展基金、提供融资担保、税收优惠或减除等灵活手段，引导和鼓励村庄根据自身特点，深入挖掘内部资源的潜在产业价值，以专业化、特色化经营为基本思路，高规格启动集体化经营项目。另一方面，协调和鼓励涉农金融机构面向农村各类新型集体经济组织，全面利用集体经营建设用地、村集体资产、集体山林权和村级股权的担保、抵押政策，适度扩大担保物和抵押物范围，开发和提供创新性的金融产品与服务，助力解决农村集体经济组织普遍面临的资金短缺难题。

第四，提高农村新型集体经济组织的开放性。一是通过恰当的股权设立方案，鼓励村民以资金、土地承包经营权、闲置宅基地、劳动力、技术入股新型农村集体经济组织。二是在确保村庄实际控制权不致旁落的前提下，引导社会资本以多种方式入股农村新型集体经济，将符合现代市场经济要求的股份制或股份合作制运营模式"嵌入"其中，提高其资金筹集能力和管理效能。三是允许和鼓励基础设施较为完善的村庄，在环评达标的前提下，通过集体经营性建设用地转让、租赁或入股等途径，发展工业（特别是农产品加工业）和服务业（特别是一二三产有机融合项目），以此丰富农村产业业态，拉伸或拓宽农产品价值链，就近就地实现工农互补。四是引导村集体在遵循各类土地利用规划和用地政策的前提下，通过商业开发建设盘活存量集体经营性建设用地，以独立经营或租赁经营等方式，积极发展商贸市场、仓储基地、物流加工车间、商业店铺等物业经济，提高村集体收入创造和收入积累能力。

四、启动农村产业和生活基础设施补短板行动

完善的生产和生活基础设施，既是反映区域经济社会发展成熟度的重要标志，又是影响产业项目和产业人才进入的重要因素之一。从成因角度看，我国农村生产和生活基础设施的严重匮乏，同地方公共财政在城乡之间的分配偏颇存在高度关联。彻底扭转"农村公共事业由农民和村集体自己办"的基本思维，优先保障农村公共事业所需，已经成为改变城乡二元社会结构、撬动农村产业发展的必选项。为此，有必要在农村产业和生活基础设施补短板行动中，重点开展如下工作：

第一，面向农村未来发展需要，优化财政支持结构。在继续加大农林水支出和社区事务支出总量的基础上，结合村庄区位特点、产业特点和中长期产业发展规划，广泛听取农村居民意见，本着适度超前的原则，适当加大非农产业（适宜工业和生产性服务业）基础设施建设的财政支持力度，使之成为吸引非农产业项目进驻的"推进剂"。就生活基础设施补短板而言，未来财政支持的重点，应该逐步从便利交通出行和提高生存环境质量的项目转向以提高生活品质为指向的各类项目（如智能化和数字化项目、现代金融项目、文体娱乐项目、养老服务项目、新能源普及项目等），使其在吸引产业人才返乡入乡、扎根农村过程中形成明显的"催化"效应。

第二，通过融资模式创新，缓解地方政府财政压力。财政资金不足是地方政府在城乡公共基础设施建设过程中不得不进行"两难选择"的基本原因。在加大农村基础设施投入力度的同时，为了确保城镇基础设施投入不致下降，地方政府融资模式创新显得尤为迫切。为此，在合理移植市政建设 PPP 模式、BOT 模式先进经验的同时，有必要以风险可控为前提，有序扩大地方政府"乡村振兴专项债券"发行权限，适当弥补财政资金缺口。

第三，灵活运用财政、金融、各类评级调整等政策工具，引导社会资本深度参与农村基础设施建设行动。事实证明，除农村内部资金之外，财政资金并不是农村基础设施建设资金的唯一来源，民间投资的介入对于拓

展农村基础设施建设资金筹集渠道、扩大农村基础设施建设资金投入规模同样具有深远影响。因此，可以考虑通过税收抵扣或减免、融资条件放宽或利息折让、组织评级调整等方面的制度创新，引导和鼓励企业、民间团体、非盈利组织等社会资金拥有者，根据自身资源筹集能力，投资于农村基础设施建设。

第四，建设与管护并重，全面提高农村基础设施的长期使用效率。"重建设、轻管护"是农村基础设施投资浪费和长期利用效率低下的主要原因。因而，在加大农村基础设施建设力度的同时，应进一步考虑将管护费用纳入项目总预算或列入政府公共支出预算，并通过专业机构和农村居民的共同参与，不断加大农村基础设施日常管理、保养和维护工作力度，使之长期发挥应有效能。

第三节　本章小结

本章重点围绕农村产业发展能力培育过程中所面临的主要障碍和应采取的应对策略两大问题进行了集中讨论。在兼顾理论共识和现实症结的基础上，我们认为农村产业发展能力培育的障碍主要集中在如下四个方面：①产业发展法律法规建设滞后，支持政策模糊，要素市场有效供给不足；②小农分散经营思想盛行，农民人力资本水平低下，农业产业化和现代化困难重重；③村集体可支配资源有限，产业经营能力不足，新型集体经济发展艰难；④农村产业和生活基础设施薄弱，外部产业资本集聚难度高，返乡入乡人才吸引力不足。进而，本章有针对性地提出了农村产业发展能力培育的四方面政策建议，分别为：①快速优化法律和政策环境；②积极培养现代农民；③加快发展农村新型集体经济组织；④启动农村产业和生活基础设施补短板行动。

第九章

农村社会治理能力培育的
核心难题与应对策略

人同时构成了社会的创造者和组成者。人的社会行为一般兼具政治、经济、社会、文化、生态等多元影响，既可能成为推动社会发展的积极动力，也可能构成社会发展的巨大阻力。因而，乡村治理活动的实践意义，至少可以概括为三个方面：其一是通过凝聚共识、凝聚智慧、凝聚力量，为提高农村内部资源开发、整合与利用效率奠定意识基础；二是通过促进农民思想和行为的现代化，完善非正式制度体系，并使其同正式制度形成制度合力，为农村内部各项事业的均衡发展和协调发展创造有利条件，消除畸形发展的潜在危害，增进农民的集体福利；其三是通过村民在乡村建设过程中的全面参与，快速提升农村的多元空间价值，为农村可持续、可竞争发展创造内源性的综合动力，进而为城乡均衡发展和融合发展积蓄动能。

第一节 农村社会治理能力培育的核心难题

一、农村制度需求和利益诉求的表达难度高企

中国特色社会主义进入新时代，国家层面乡村振兴和农业农村优先发展的顶层设计已经完成。通过一系列制度创新，确保"四个优先"（即干部配备上优先考虑、要素配置上优先满足、资金投入上优先保障和公共服务上优先满足）高效率落地，以此回应农村和农民发展需求，正在成为地方政府的一项重要中心工作。面对这一现代化战略的调整，农村居民也已对未来生产生活充满了美好期盼，迫切需要将自身利益诉求通过正规渠道反馈给高层级政府，以求获得效率更高的"三农"政策支持。然而从当前情况看，我国农村在制度需求和利益诉求的表达上，却仍然面临渠道繁琐

和谈判能力不足的现实困难。

其一是表达渠道繁琐。根据《村委会组织法》的规定，乡镇政府与村委会之间的关系是一种指导和被指导、协助与被协助关系，村委会在处理村庄内部诸如治安、环保、卫生、教育、养老等一系列繁杂事务时，需要获得条块分割体制下多重部门的支持与协助，而其在表达自身所需制度支持和利益诉求时，同样必须通过众多部门各自独立的渠道分别提交至乡镇人民政府或更高层级人民政府，其过程异常繁琐且非常容易出现表达信息失真问题。

其二是谈判能力不足。"三提五统"和农业税取消后，在农村集体经济发展缓慢、村集体积累不足的情况下，农村基本建设资金主要依靠内部"一事一议"筹集和乡镇政府的财政投入。相较于"一事一议"筹资规模而言，乡镇政府财政投入额度更高，对于快速弥补农村各领域资金缺口的作用更为突出。这一背景下，农村基层组织对乡镇政府的依赖性与日俱增，导致其在同乡镇政府围绕"三农"制度改革进行利益表达和谈判的过程中明显缺乏话语权。从更为宏观的角度看，我国农民在各级人大、政协中的代表（委员）比例始终偏低的事实[1][2][3]，也在一定程度上影响了农民群体通过政策制定途径表达制度需求和利益诉求的综合能力。

二、农户个体利益与农村集体利益关联弱化

乡村治理的顺畅性和绩效的高低是农民利益的函数，只有在提高农民群体利益的前提下，乡村治理过程才能吸引农民的广泛参与和高度支持。改革开放后，随着农户家庭经营决策权的复归和城镇用工政策的不断放开，农户兼业化经营在全国农村逐渐成为一种普遍现象。第二次全国农业普查数据显示，2006 年农村经营户中，非农户比重为 4.04%，兼业户比重为 14.92%（其中一兼户比重为 4.63%，二兼户比重为 10.29%），二者

① 余臻峥. 和谐社会视角下我国农民政治参与现状、原因及对策 [J]. 消费导刊，2007 (13)：235，156.
② 李文钰. 新形势下农民政治参与机制研究 [J]. 安徽农业科学，2011 (36)：22799 - 22800，22825.
③ 赵晓力. 论全国人大代表的构成 [M]. 中外法学，2012 (5)：973 - 989.

合计占比为 18.96％①。而中国农村发展报告课题组 2014 年基于河北、山农、河南 777 户农户兼业调查结果则显示，在调查农户中，一兼户（非农收入大于零且小于 50％的兼业户）占比为 8.75％，二兼户中高兼农户（非农收入介于 50％～75％）占比为 19.95％、深兼农户（非农收入介于 75％～100％）的占比为 59.46％，兼业农户占比合计高达惊人的 88.16％，农户兼业现象已经变得极为普遍②。

普遍的农户兼业化经营所引发的一个直接结果，就是这些农户对农村发展的依赖性趋于减弱，其个体利益与农村集体利益之间的关联度不断下降，是否参与乡村治理对其个体利益的影响较小甚至可以忽略不计，"搭便车"自然构成了其理性选择。从农村发展角度看，缺乏主客体之间的互动和沟通，甚至无人关切、无人参与的治理过程，极易陷入无明确目标、无动力依托和无合理监督的"三无"低效率困局。

三、社会精英严重流失

有数据显示，2008—2019 年间，全国农民工总量及其在农村人口中所占比重均呈现大幅上升态势，分别由 2008 年的 22 542 万人和 31.25％上升至 2019 年的 29 077 万人和 52.71％③，对农村治理能力的变化至少造成了三方面巨大冲击。

一是随着大批青壮年劳动力外出务工，代表着最具先进知识储备、最富创造精神的社会精英的流失，导致传统乡村治理主体村"两委"成员选择范围受到极大压缩，综合素质提升空间有限、集体威信不足、年龄断层、创新举措匮乏等问题严重困扰村级基层组织的更新换代和村庄治理模式的现代化。不但如此，青壮年劳动力的大规模外流，意味着农村先进生产力接受能力的下降和优秀本土文化传承能力的衰减，更意味着乡村综合价值弱化的潜在风险已经出现端倪。

---

① 数据来源：国家统计局官网．中国第二次全国农业普查资料汇编［DB/OL］．http：//www.stats.gov.cn/tjsj/pcsj/nypc/nypc2/nm/indexch.htm.
② 魏后凯．闫坤．中国农村发展报告（2017）［M］．北京：中国社会科学出版社，2017：16.
③ 数据来源：根据农民工监测调查报告（2009、2019）及中国统计年鉴（2009、2020）相关数据计算。

二是随着农村劳动力的大量外流，农村"熟人社会"的传统特征趋于消解，非正式制度的约束力不断弱化，乡村治理难度不断上升。众所周知，"熟人社会"是中国传统农村人际关系关系的生动写照，声誉和互助机制可以对村民日常生产生活行为产生足够的约束，确保乡村社会处于平稳发展轨道之上。然而，农村劳动力的大规模流出的现实，使得农村人际交流频次显著下降，村庄内部信任网络、声誉网络和互助网络被快速打破，道德约束力开始下降，诸如村规民约等非正式制度的效能严重受损。比如，近年来全国各地农村由畜禽养殖造成空气和水体污染、过量化学污染物直排、农田和水利基础设施争夺、非正规农地流转、公共资源（林地、草场、水面、生活基础设施等）过度利用等问题所造成的村民之间、村民与村集体之间的矛盾纠纷时有发生，调处难度也在日渐提高，严重耗散了农村内部原本异常宝贵的社会资本，而且显著降低了农民村居生活的幸福感和归属感。

三是随着农村青壮年劳动力的大规模流出，村民自组织发展面临"空白化"挑战。国内外大量经验表明，治理主体多元化是农村治理现代化的重要标志之一，对于克服单极化治理弊端、提高农村治理的包容性和实效性具有重大影响。村民自组织作为一种非正式治理组织，可以比乡镇政府和村"两委"两大正式治理组织更为直接地达成农民自我管理、自我教育和自我服务的目标，同时又可以在发现和培养潜在治理人才、畅通村民与正式治理组织沟通协调渠道、预防或化解村民合法权益受侵等方面形成群体优势。一般来说，农民自组织通常由关切公共利益、具有一技之长、善于交流且精力比较充沛的青年农民发起，自组织活动也经常由这部分青年农民策划和推进。然而，在青年农民大规模外出的背景下，农民自组织"空白化"现象已经非常普遍。第二次全国农业普查资料相关数据显示，2006 年我国 637 011 个行政村中，有农民业余文化组织的村只有 96 064 个，占比仅为 15.1%[①]。大力发展农民自组织，着力建构多元化互动式治理机制，已经成为培育和强化农村社会治理能力不可回避的重要话题。

---

① 数据来源：国家统计局．中国第二次全国农业普查资料汇编［DB/OL］．http：//www.stats. gov. cn/tjsj/pcsj/nypc/nypc2/nm/indexch. htm.

第二节　农村社会治理能力的培育策略

一、优化农村利益表达机制

最了解农村发展短板的是农民，最清楚农村迫切需要哪些政策、哪些合理权益的同样是农民。乡村振兴战略是中国特色社会主义进入新时代所开启的一场史无前例的强制性制度变迁过程，既需要各级政府的强力推进，又需要民间诱致性制度变迁的支持与配合。因此，优化农村利益表达机制，从本质上讲，就是确保政府和社会投入取得最高配置效率、农业农村优先发展取得预期成效、城乡均衡发展实现各阶段既定目标的高效路径之一。为此需要：

一方面，彻底扭转乡镇政府凌驾于乡村之上，将"乡政村治"简化为"乡政"、等同于"乡管村"的做法，真正实现村委会作为村民自治组织的主体权利的复归，以及乡镇政府作为"指导""支持""帮助"机构的主体义务的复归。概要而言，可以考虑在乡村综合发展规划制定过程中，充分考虑和吸纳村级基层组织的创新性意见和建议；而在乡村综合发展规划的执行过程，则要不折不扣地保障既定规划中的人才、要素、资金和公共服务投入，不折不扣地维护"三农"合法权益，不折不扣地回应来自于农村的"指导""支持""帮助"需求，加大涉农涉村主管部门不作为、乱作为的监管和惩戒力度。

另一方面，适当提高各级人大、政协中农民代表或委员的比例，杜绝其他界别代表或委员对于农民代表或委员身份的冒用现象，充分论证农民代表或委员所提建议案或提案的合理性，高质量完成相关建议的处理与答复工作，全面畅通农村和农民合法权益的诉求表达渠道，有效拓展农村和农民合法权益的诉求表达空间。

二、完善农户与农村利益联结机制

马克思曾指出，"人们奋斗所争取的一切，都同他们的利益有关"[①]。

[①]　中共中央马克思恩格斯斯大林著作编译局. 马克思恩格斯全集 [M]. 第 2 卷. 北京：人民出版社，1995：82.

因而，建构和强化农户与农村之间的利益联结机制，是农村治理能力培育过程中提高农民参与热情、强化农民集体观念，从而避免农村治理"虚化"现象的核心要义。

一是根据乡村实际差别分类施策。对于纯农户和一兼户占比较高的村庄而言，可以通过完善农业基础设施，鼓励农民专业合作组织发展，吸引农产品加工、农业服务企业入驻，疏通金融、保险渠道等途径，为两类农户提高农产品产量与品质、提高农业经营效率与科技含量、提高农产品价值增值水平、降低农业经营风险提供最大限度的扶持，以此获得两类农户的信任和支持。对于二兼户和非农户占比较高的村庄而言，则可利用多数农户土地经营意愿较低的契机，加快发展新型集体经济，通过股份制、股份合作制等形式，整合村集体资源和两类农户的土地、资金、劳动等资源，采取"土地流转＋优先雇佣＋社会保障""保底收益＋股权红利"等利益联结方式，稳定其土地承包经营权收益，增加其就地就业岗位，借此提高两类农户在乡村治理领域的参与积极性。

二是在提高居村农户经济收益的基础上，客观面对农民的多元利益诉求，从环境利益、政治利益、文化利益的增进角度，挖掘乡村治理的创新点，着力将村庄打造成为一个利益共同体，实现村庄多元利益的协调和凝聚。这就要求村"两委"能够冷静分析村民多元利益的"优先"或"劣后"排序，有效利用村庄内外部资源，有节奏地回应和满足村民各类利益诉求。比如，对于外流人口较多的村庄，优先解决留守老人生活难题和留守儿童教育难题，就不失为一种明智之举。再比如，对于非农户和二兼户占比较高的村庄，快速打造宜居乡村、美丽乡村的做法，同样不失为一种科学合理的选择。

三、加强乡村治理人才队伍建设

作为一种普遍现象，乡村治理人才总量短缺以及现有人才治理能力较低已经成为阻碍农村治理绩效提升的重要瓶颈。为此，可以考虑通过如下途径做大做强乡村治理人才队伍。

一是做大激励"工具箱"、加大激励强度，综合使用经济激励、晋升激励、荣誉激励等手段，激发存量人员的乡村治理热情，提高其自我学习和自我培养的自觉性。与此同时，加大农村留守人员特别是留守妇女的培养和选拔力度，通过设立乡村治理"协管员"或"助理"岗位，为其创设"干中学"的成长环境，并在条件成熟时第一时间将其配备至恰当的治理岗位。

二是在省、市层面设立乡村治理人才专项培育基金，优化存量乡村治理人才队伍的培训机制，改变"以会代训"等"填鸭式"培训方式，选择理论培训、场景融入、村际"结对子"、专家入村诊断等组合培训模式，显著提高乡村治理存量人才的培训效果。

三是在原有选派"大学生村官""第一书记"的基础上，从省、市统筹角度出发，进一步加大乡村治理人才输送力度。比如可考虑从外出或返乡农民工中，遴选乡村管理意愿和能力较为出众者；再比如，可考虑面向社会（不限户籍和居住地）广泛遴选和派出乡村治理长期"特派员"充实到急需人才的乡村。

四、打造多元主体共同参与的乡村治理新格局

在乡村开放性日益增强、乡村事务日益复杂化的背景下，治理主体的多元化是乡村治理模式转型升级的必然趋势，而改变乡村治理主体封闭格局的关键，就是要接纳和鼓励更多利益相关主体进入乡村治理体系，获得更多乡村治理权能。

第一，充分调动德高望重老者参与乡村治理的积极性，支持其牵头组建本土乡贤组织。这一组织的成员既可以包括居村声望突出的老年人，也可以包括具有一技之长的年轻人，还可以包括已经离乡但仍具有强烈家乡情怀的各阶层人士。组建乡贤组织的目的，就在于利用其在村庄或宗族中的强大影响力、对优秀传统文化与传统美德的强劲解释力、对当代先进科学技术和城市文明的强烈感染力，在村庄治理的各个领域形成巨大的"补位"效应，使德治、法治和自治实现真正的融合，将刚性的外在约束和柔性的内在约束一体式植入乡村社会，实现文明乡风、进取乡风的和谐统一。

第二，探索建立村级管理的多重组织共商机制。以科学务实的态度，全面评价各类新型农业经营主体和入村组织在乡村发展中的产业贡献以及

在乡村治理中的潜在作用，进而以包容的态度，建立村"两委"与之进行广泛对话和交流的联席会议制度。通过这一制度的落实，在协助新型农业经营主体和入村组织解决现实困难的同时，消除其生产经营活动对村庄发展可能产生的负面影响，征询和采纳其对村庄发展的合理建议，争取其对村级治理的广泛支持（物质支持和智慧支持），真正实现乡村治理的全面覆盖和全方位动员。

第三，鼓励和扶持农民自组织发展。深刻认识农民自组织在促进村民综合素质提升、弘扬社会正气、维系村庄和谐稳定等方面的积极作用，鼓励和支持多种类型的农民自组织发展，发挥其在定争止纷、自我约束、自我管理、自我服务等方面效能的同时，吸纳自组织代表广泛参与乡村治理活动，以此打通村"两委"与村民沟通协调过程中经常存在的正规渠道和民间渠道之间的"堵点"。

第四，在村"两委"自我"削权"与为村民"增权"过程中彻底解决乡村治理"虚化"之困。村民自治实质性权利的缺失是乡村治理"虚化"现象的关键成因。为此，村"两委"主动进行自我"削权"和实实在在为农民"增权"构成了赢得村民信任、凝聚村民共识和迂回获得治理主动权的有效路径。具体实践中，就是要在村级重大事项决策过程中全面落实好村民"赋权"工作，在集体资产管理、重大工程建设和重点项目推进过程中，全面落实好村民监督的"行权"工作，据此将乡村治理过程真正形塑成为一个高度稳定的闭环系统。

第三节　本章小结

本章在概括了完善乡村治理机制的实践意义和时代意义的基础上，集中梳理了农村社会治理能力培育过程中所面临的三个核心难题，即：第一，农村制度需求和利益诉求的表达难度高企；第二，农户个体利益与农村集体利益关联弱化；第三，社会精英严重流失。进而，从四个角度提出了相应的破解策略：一是优化农村利益表达机制；二是完善农户与农村利益联结机制；三是加强乡村治理人才队伍建设；四是打造多元主体共同参与的乡村治理新格局。

第十章

农村基本公共服务自供给能力培育的核心难题与应对策略

　　农村基本公共服务的供给水平与城镇体系相比长期存在巨大差异，是我国城乡社会呈现二元分化特征的显著标志。理论上讲，由于基本公共服务具有典型的非竞争性和非排他性，因而其供给责任主要应由政府承担。不过，我国现实情况同理论判断却存在明显偏离——在长期的城市偏向性政策体系影响下，地方政府财政资金在地域分配过程中，并未按人口分布特点主要投向于农村地区，而是恰恰相反——由此极大拖累了农村发展的现代化步伐。目前，从国家现代化建设"补短板"的客观需要出发，无论是理论界还是实践界就政府部门不断加大农村基本公共服务供给力度的必要性已经形成了普遍共识。然而应该同时看到，我国地方政府（主要指地市级政府及以下层级政府）长期面临巨大的财政压力，2018 年"降税减费"改革后这种压力变得愈加突出①②。捉襟见肘的财政资金，既要用来为经济增长"保驾"，又要为民生改善"护航"；而民生发展领域既要保证城镇基本公共服务供给"不滑坡"，又要实现农村基本公共服务供给增长"不退坡"，着实需要地方政府在实践探索中找到"两全之策"。当然，在此之前，以消极的"等、靠、要"思维，将"三农"发展所需基本公共服务的完善工作简单推给政府，单纯指望政府"体外输血"，只会导致农村自身贻误发展良机，培育和强化基本公共服务的自供给能力，才是解决问题的根本途径。

---

　　① 龙竹. 地方财政压力下的农村发展：问题、成因及对策 [J]. 经济社会体制比较，2003（6）：60-66.

　　② 朱军，寇方超，宋成校. 中国城市财政压力的实证评估与空间分布特征 [J]. 财贸经济，2019（12）：20-34.

第一节　基本公共服务自供给
能力培育的核心难题

一、村集体有限收入的理性分配机制欠缺

本书第八章相关分析已经揭示，村庄产业基础设施薄弱、村集体可支配资源匮乏、村"两委"资源整合能力和资产运营能力不足，共同构成了农村创收能力异常微弱的主要原因，严重抑制了农村基本公共服务自供给能力的生成。不但如此，大量经验观察结果同时显示，一些收入水平尚可的村庄，在集体收入分配过程中却缺乏足够的理性，重视福利性支出和集中居住点开发居于绝对主流。这种收入分配格局所引发的一个重要结果，就是它尽管满足了居民短期可支配收入（或实物）的增长，却忽视了扩大再生产的资金积累、生产性基础设施的投资和维护，也忽视了有利于农民人力资本水平提升的教育、文化、体育、医疗等方面公共基础设施（服务）的必要投入。从长期视角来看，显然是得不偿失之举。

二、农民集体行动困境阻滞效应明显

事实上，由政府所提供的农村基本公共服务，一般具有典型的同质化特征，其供给目的在于弥补绝大多数村庄共同存在的"短板"，难以兼顾不同村庄的差异化需求。从这一角度看，为了满足村庄内部产业组织和居民区别于其他村庄的个性化需求，千方百计提高基本公共服务的自供给能力，对于保障"三农"长期发展，具有重大的实践意义。换言之，以独立的个体村庄作为观察对象，我们可以发现，农民毫无疑问地构成了基本公共服务最广泛的分享者和受益者[①]，理应成为普遍的出资者和建设者。不过，由于下述原因，农民在基本公共服务供给上往往很难实现集体行动。

---

① 袁建华，高露. 农村公共服务优先序研究述评与思考——基于农户满意度与需求度二维视角 [J]. 山东农业大学学报（社会科学版），2016（1）：15-20，125.

第一，大多数农村基本公共产品（服务）的使用权边界比较模糊，对其究竟属于生产性基本公共产品（服务）还是属于生活性公共产品（服务），通常难以进行清晰界定。这种情况下，对于明显有利于农业生产发展的基本公共产品（服务）的自供给行为，农民尚且容易接受；但对于可能既有利于农业生产、又有利于非农业生产的基本公共产品（服务）的供给项目，农民就极可能持观望、等待甚至反对的态度。

第二，村庄内部农户之间收入水平上的分化已经成为一种普遍现象。其中，收入水平较高的农户，由于家庭支出能力较强，因而为了改善自身的生产和生活条件，可能先于其他农户提前购置了相关产品或设备。这种情况下，当村集体在论证基于普遍出资机制的基本公共产品（服务）供给项目时，这部分农户显然会成为一股阻碍力量。

第三，村庄基本公共服务项目通常具有资金需求量庞大，建设周期较长，资金使用、建设进度和供给质量难以监控等特点，因此在农民收入水平普遍较低、缺乏资金和监管能力（或精力）的背景下，"一事一议"过程很难激发农民筹资筹劳热情。

第四，农村基本公共服务项目一般是服务未来、服务"三农"长期发展的支出项目，对于绝大多数农民而言通常属于"超前"项目或是显效周期较长的项目。对于"超前"公共产品（服务）而言，其利用过程往往需要农民具有较强的科学素养和技能，因而在人力资本水平普遍较低的情况下，农民对该类产品（服务）的价值评价反而可能较低，自然不愿为其出资。至于显效周期较长的公共产品（服务）项目，对于思想相对较为保守的农户而言，意味着当期投资需要面对由未来不确定性所带来的较高风险，农民投资热情不高也是情理之中的结果。

三、社会力量共同参与的自愿供给杯水车薪

自 20 世纪 60 年代起，理论界就对社会公共服务的自愿供给现象进行了详细探讨。相关研究结果显示，除了政府和市场两种常见供给主体外，自愿供给也是社会公共服务的一种常见有效机制，通常以私人、企业和各

类社会团体为主体，以捐赠为主要表现形式①②。可以从理论上证明，自愿供给机制完全适用于我国农村基本公共服务领域，具有政府供给无法替代的三方面优势：一是社会基础广泛，可动员资源总量庞大。我国当前绝大多数社会成功人士与农村存在着千丝万缕的血脉联系，造福乡里、回报桑梓的传统也自古有之，因而这部分群体为农村自愿捐赠的意愿比较容易激活。不但如此，随着个人、社会团体以及企业社会责任意识的不断增强，自愿供给主体参与农村基本公共服务供给的资源总量也必将变得愈加庞大。二是缓解地方财政压力，政府部门乐见其成。农业农村优先发展的制度环境已经高度明朗，这就决定了村庄内外部经济组织和各类社会团体为农村捐赠的隐性回报可能远大于货币投入，其捐赠活动既有利于乡村发展又有利于自身发展。更为重要的是，这种捐赠行为可以在一定程度上缓解地方财政压力，因此更容易获得地方政府的认同和支持。三是供给形式灵活，供给效率突出。农村基本公共服务的自愿供给模式下，捐赠者与受捐村庄一般会通过面对面的直接商议，以满足村庄急需为原则确定捐赠物资（服务），可以避免不必要的政府和市场干预，切实提高捐赠物的配置效率和使用效率。总之，对于村"两委"来说，如果能够争取社会力量主动参与农村基本公共服务供给过程，那么就相当于打通了一个全新的资源获取渠道，极大提高村庄基本公共服务的自我供给能力。

然而问题在于，为了顺利打通农村基本公共服务的自愿供给渠道，一系列实践难题仍然有待于尽快破解。

第一，绝大多数地区政府和村级基层组织对社会成功人士（或以社会成功人士为纽带的潜在社会组织）参与村庄基本公共服务供给的重大意义缺乏足够的思想认识，普遍没有开展社会成功人士与村庄内在关联信息（如血缘或宗族联系、农村生活历史、农村社会或文化认同等）的积累、搜集和整理工作，村庄和该类群体之间的沟通联络渠道因此而难以建立。这也是我国社会捐赠主要流向城镇而非农村的一个重要原因。

---

① 埃莉诺·奥斯特罗姆. 公共事物的治理之道——集体行动制度的演进［M］. 于逊达，陈旭东，译. 上海：上海三联书店，2000.

② 曼瑟尔·奥尔森. 集体行动的逻辑［M］. 陈郁，郭宇峰，李崇新，译. 上海：格致出版社，上海三联书店，上海人民出版社，2011.

第二，地方政府对社会力量的自发参与缺乏必要的引导和激励。1999年《中华人民共和国公益事业捐赠法》和2016年《中华人民共和国慈善法》颁布后，个人、企事业单位、各类非政府组织参与地方公益事业的热情和力度均在不断提高。不过一个显见的事实是，我国农村在接受社会捐赠过程中，受赠财产的用途主要集中在扶贫、济困、助残、赈灾等领域，诸如科学、文化、体育、生态等基本公共产品（服务）领域的受赠财产则非常有限，社会捐赠对"三农"长期发展的促进作用尚未显现，亟待地方政府通过政策创新进行适度引导和激励。

第三，村级基层组织争取社会捐赠的主体意识薄弱，策划、沟通和受赠财产管理能力不足。长期以来，农村基本公共服务体系建设对政府投入的高强度依赖，在相当大程度上导致村"两委"对相关资源的自我筹集工作缺乏应有的重视和长期而系统的谋划。相应地，在不同时点上，村庄最迫切需要得到满足的基本公共服务项目有哪些，如何才能联系到最恰当的捐赠者，如何避免在同捐赠者协商过程中陷入被动地位，如何才能获得捐赠者持续而稳定的捐赠，通过何种捐赠机制最易于节省项目建设时间，通过何种监督机制能够最大限度保证项目建设质量，接受社会捐赠过程中应该注重规避哪些法律和社会风险，捐赠财产应该如何进行合法管理等一系列问题的解决，均需要村"两委"尽快弥补相关知识和能力的空白。

第二节　农村基本公共服务自供给能力的培育策略

一、改善集体经济组织经营效率，优化盈余分配机制

改善经营效率是提高农村集体经济组织收益水平、扩大村集体可支配资金规模、增加基本公共服务自我供给种类和总量的重要途径，而优化盈余分配机制则是保障集体经济组织自身实现健康发展和可持续发展的必要条件。因此，同时优化农村集体经济组织运营管理机制与盈余分配机制，才是培育和壮大农村基本公共服务自供给能力的基础性工作。

一方面，以集体资产保值增值为前提，以组建专业化的运营管理团队为抓手，减少非专业人员的非理性干预，压缩不必要或不合理的费用支出

（如管理费用、招待费用等①），杜绝违法违规经营风险。与此同时，通过规范组织章程、优选经营项目、优化经营流程、提高市场影响力等各个经营环节的精细管理，千方百计提高集体资产运营能力。

另一方面，在确保农民股权收入和集体经济组织扩大再生产能力不断上升的前提下，合理提高"五保户"、低保户和贫困户的资助水平，适度压缩普惠性、均等化生活福利支出在集体经济盈余中的比重，或者考虑变直接生活福利为村庄发展贡献奖励，逐步提高生产性和公益性基本公共服务投资在集体经济盈余中的占比。

二、着力激发农村内部经济组织和农户的参与热情

农村内部经济组织和农户是农村基本公共服务的最主要受益者②，但却未必是其自发和自愿供给者。为了消除农户在基本公共服务自供给过程中集体行动能力微弱的不利影响，需要村级基层组织在下述四个方面谋求突破。

一是加强既有基本公共物品（服务）的维护和管理工作，切实提高其利用效率，使其在促进"三农"发展方面的应有作用得到全面体现，借此消除村内经济组织和农户对未来基本公共服务自供给项目的心理抵制。

二是在科学论证村庄基本公共服务主要功能的基础上，合理划定基本公共服务项目的使用权边界，以村内经济组织为对象，建立基本公共服务合理补偿制度，使其在利用村庄基本公共服务来提升盈利水平的同时，合理承担基本公共服务的供给责任和义务。

三是建立基本公共服务民主论证制度。在广泛征求村民意见建议的前提下，建立村庄基本公共服务自供给项目清单制度，将村民短期需求强烈、所需资金数额较大且政府尚未列入资助计划的基本公共服务项目列入清单优先序列，确保在"一事一议"过程中顺利筹集所需资金和劳动。

四是将基本公共服务自供给宣传和沟通事宜列入工作日程。利用好农

---

① 彭超，张琛. 农村集体经济组织"家底"基线调查及启示 [J]. 农村金融研究，2019（8）：51－55.

② 吴孔凡. 新时期农民公共需求的特点与农村公共服务供给的取向 [J]. 经济研究参考，2008（69）：29－32，52.

村内部各类宣传渠道和乡贤群体的社会资本优势，加大基本公共服务自供给机制优越性的宣传力度，争取农户在基本公共服务自供给必要性方面形成广泛共识，特别是争取其在"超前"项目和显效周期较长项目的普遍认同。

三、建立持续而稳定的自愿供给内化机制

这里的"内化"一词包括两个基本含义：一是通过情感路径和利益路径将农村基本公共服务捐赠意愿转变为相关参与主体主观情感或主观偏好的过程；二是将农村基本公共服务自愿供给由零散而小规模的不可控行为，转化为农村基层组织可策划、可动员行为的过程。

第一，建立常态化的村庄与社会成功人士日常沟通联系机制，并以后者为媒介，建立村庄与相关企业、社会团体的密切联系。前期准备过程中，全力解决好社会成功人士与农村主观情感联系的背景信息以及社会成功人士基本信息的搜集、整理、建库工作；工作推进阶段，重点是在地方政府相关部门的协助下，彻底打通农村基层组织与社会成功人士、相关企业和社会团体的沟通渠道，并将其打造成为双方情感交流、农村基本公共服务自愿供给的"发动机"。

第二，强化政策性引导和激励机制。以拓展农村基本公共服务自愿供给渠道和做大资源供给规模为目标，以各级地方政府为主体，在遵循社会捐赠基本法律法规的前提下，发挥制度创新优势，利用财税、金融等经济手段，加大宣传、表彰和政治认定力度，将社会捐赠主体的捐赠热情引向"三农"领域，特别是引向对"三农"发展产生持续而深远影响的相关领域。

第三，加快培育村"两委"争取基本公共服务自愿供给的主体能力。目前，村"两委"在争取基本公共服务资源供给过程中，主体意识淡薄、主体能力不足仍然是制约农村地区获取自愿供给资源的主要障碍。为此，有必要将该方面工作纳入村级基层组织的重要议事日程，对村"两委"成员、大学生村官、第一书记及其他入村工作人员，围绕农村基本公共服务受捐全过程进行全方位的知识和技能培训，使其在策划、发动社会力量参与等方面发挥应有的主导作用，并通过其对自愿供给项目的高标准推进、

高规格管护工作，赢得相关社会主体的高度评价和持续而稳定的捐赠支持。

第三节　本章小结

基本公共服务自我供给能力的生成和强化，是农村基层组织回应"三农"长期发展需要，提高基本公共服务针对性和实效性的关键。本章分析表明，农村基本公共服务自供给能力培育过程中主要面临着三方面待解难题：第一，村集体收入有限且缺乏理性分配机制；第二，农户个人理性与集体理性的偏差，导致基本公共服务供给集体行动的动力不足；第三，社会力量参与农村基本公共服务供给的潜在动力没有得到成功激活。据此，有针对性地提出了具体的应对策略：一是优化农村集体经济管理，改善其经营效率和盈余分配机制；二是着力激发农村内部经济组织和农户的参与热情；三是建立持续而稳定的自愿供给内化机制。

第十一章
农民个人发展能力培育的核心难题与应对策略

本书第三章将农民个人发展能力概括为农民在经济社会和科学技术的特定发展阶段，通过思想观念和行为模式的适应性调整来提高人力资本存量，逐步改善生产和生活条件的能力。这一概念揭示了如下微观现实：第一，农民个人发展能力具有明显的时代性特征，不同历史时期生产力和生产关系的实际状况对农民个人发展所需具备的能力要求存在较大乃至巨大差异，形成或获得与时代特征相吻合的思想、观念、知识、技术，是农民个人发展的内在要求和外在标志；第二，农民个人发展能力的形成过程，并不完全取决于个人努力，是农民个人努力与外部支持共同作用的结果，具体表现为农民思想观念和行为模式对时代要求的适应性不断增强、人力资本存量不断提高；第三，农民个人发展能力提升的直接作用，在于它可以有效改善农民生产和生活条件，进而使农民个人发展状态逐步向其发展目标趋近。

从宏观视域理解，农民是农村经济社会发展的主力军，其个人发展能力的提升，决定着农业和农村现代化进程的快慢，同时深刻影响着城乡二元结构转型的速度与质量。因此，无论从何种角度来看，彻底改变农民人力资本匮乏、个人发展能力低下的不利现实，都是我国现代化强国建设过程中不可回避的重大战略问题。

第一节　农民个人发展能力培育的核心难题

一、农民人力资本积累的主体意识薄弱

无须赘述，主体意识的确立，是农民个人发展能力不断提升的根本保障。不过，受长期小农经营主要依靠经验传承、小规模土地经营增收难度

大从而土地依赖性减弱、人力资本投资显效时间较长、外出务工收入与农民人力资本存量提升之间关联度较低等一系列不利因素的影响，我国农民主动接受新观念、树立新思维，主动进行自我开发，主动学习先进科学技术的愿望和动力始终偏低。以外出农民工为例，有官方数据显示，在城市生活的业余时间里，除家人之外，农民工人际交往中接触最多者为老乡（占比 34.7%），其次是当地朋友（占比 24.6%）和同事（占比 22.6%），甚至有 12.7% 的农民工基本不同他人来往；另外，进城农民工的社会活动非常单一，业余时间看电视、上网和休息的占比分别为 40.7%、35.6% 和 28.4%，主动参加文娱体育活动、读书看报的比重极低，分别只有 5.3% 和 3.6%，主动参加学习培训的比重更是低至 1.9%①。

二、农民人力资本积累的自我支付能力不足

农民个人发展能力的形成，尽管包含了家庭习得因素的影响，但通过投资获取生产、生活方面的健康、知识、经验、信息、技能的影响则更为显著。换言之，为改变生产和生活条件、提高人力资本存量而主动进行自我投资，是农民个人发展能力提升的重要方法之一。当然，无论从何种理论出发，农民人力资本投资能力的高低，始终取决于农民的创收能力。从实际情况看，近年来虽然我国农民人均收入呈快速增长态势、城乡居民人均收入倍差也不断下降，但是城乡居民人均收入之间的绝对差距不但没有同步下降，反而出现不断扩大趋势。图 11-1 显示，2000 年城乡居民人均可支配收入绝对差为 4 026.6 元，此后这一绝对差逐年扩大，2008 年达到 11 020.2 元，2016 年达到 21 252.8 元，2019 年更是达到 26 338.1 元的历史最大值。另外，从城乡居民人均可支配收入绝对差与农村居民人均可支配收入比例关系看，2000 年城乡收入绝对差为后者的 178.69%，此后尽管经历了倒 "U" 型变化过程，于 2009 年达到峰值 233.28% 后逐年下降，但下降速度却比较缓慢，2019 年仍然高达 164.40%，农民相对贫困现象仍然非常突出，严重影响了其人力资本投资能力。

---

① 数据来源：国家统计局，2017 年农民工监测调查报告 [DB/OL]. http://www.stats. gov. cn/tjsj/zxfb/201804/t20180427_1596389. html.

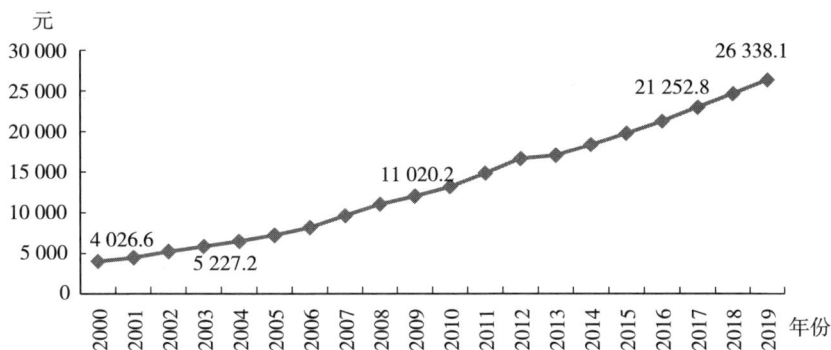

图 11-1 城乡居民人均可支配收入绝对差（2000—2019 年）

数据来源：根据中国统计年鉴（2013、2020）相关数据计算得到。

注：城乡居民人均可支配收入绝对差＝城镇居民人均可支配收入—农村居民人均可支配收入。其中，2013 年之前（含 2013 年）农村居民数据为人均纯收入。

图 11-2 中数据显示，2000—2019 年间，以交通通信、教育文化娱乐、医疗保健三项支出之和表示的农村居民人均发展性支出由 367.4 元增至 4 454.7 元；但是同一时期城镇居民人均发展性支出则由 1 414.6 元增至 9 282.0 元，二者之间的绝对差距和相对差距均非常明显——一方面，

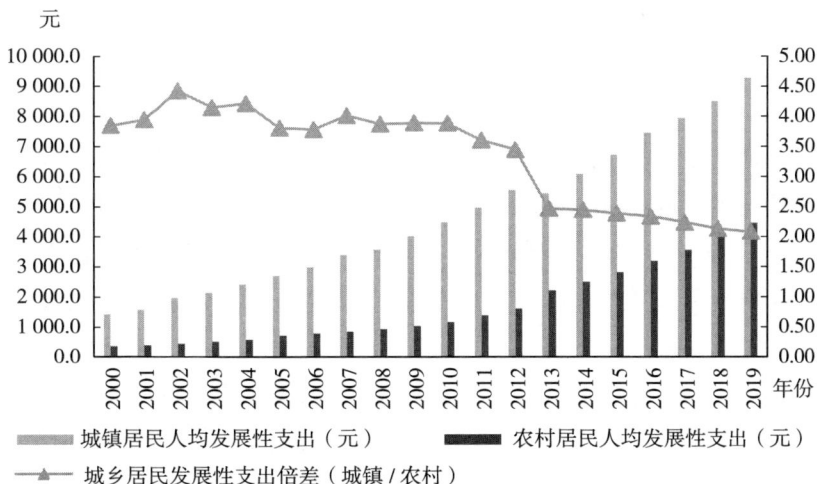

图 11-2 城乡居民发展性支出及其倍差（2000—2019 年）

数据来源：根据中国统计年鉴（历年）和中国农村统计年鉴（历年）相关数据计算得到。

注：城乡居民人均发展性支出倍差＝城镇居民人均发展性支出/农村居民人均发展性支出。

如果不考虑物价因素，农村居民 2019 年人均发展性支出水平仅大体相当于城镇居民 2010 年人均发展性支出水平；另一方面，尽管二者之间的倍差有所下降，但 2019 年仍然高达 2.08。可见，相较于城镇居民而言，农村居民个人发展投资的支出能力明显不足。

三、社会支持严重缺失

理论和经验事实均已证明，农民个人发展能力的提升，虽然需要农民个人或其家庭给予全面支持，但是广泛而持续的社会支持同样不可或缺，其作用甚至远超前者。然而从我国实际情况看，农民人力资本积累过程中来自于社会支持的力度偏低，严重阻碍了农民个人发展能力的提升。具体表现为：

第一，从社会资源的城乡配置角度看，我国当前农村教育、文化、医疗、体育等方面基础条件的相对落后性仍然非常突出，对增强农民健康素质、文化素养、科学精神、生产技能的促进作用还存在巨大的提升空间。以城乡基础教育师资配备情况为例，有数据显示，目前我国乡村小学专任教师中拥有本科学历的教师占比为 49.3％，而城市小学中本科学历的教师占比则高达 73.6％，甚至有 3.0％的教师拥有研究生学历。类似情况在初中和高中阶段同样存在：乡村初中教师中有本科和研究生学历者分别为 80.3％和 1.3％，城市初中对应比例则分别为 86.0％和 7.1％；乡村高中教师中有研究生学历者占比为 9.8％，而城市对应比例则高达 13.9％[①]。另有数据显示，作为我国农村公共文化主要供给主体之一的乡文化馆，2019 年培训总量为 422.6 万人次，而同期县市级和地市级文化馆提供的培训总量则分别高达 1 441.1 万人次和 540.1 万人次，农民文化素养有效培育机制明显欠缺[②]。

第二，从农村内部角度看，抛开有利于农民个人发展的基本公共服务供给短缺现象不论，通过组织化路径服务于农民人力资本积累的格局还远未形成。一是农民专业合作组织对农民人力资本积累的拉动作用非常有

---

①② 白描，苑鹏 . 农民现代化进程、阻碍及对策［A］//魏后凯，杜志雄 . 中国农村发展报告（2021）——面向 2035 年的农业农村现代化［C］. 北京：中国社会科学出版社，2021：357 - 377.

限。有数据显示，2015 年我国共有 133.61 万个农民专业合作社，其合作社成员中普通农户数为 5 197.66 万户，平均每个合作社仅带动 38.90 个普通农户，当年平均每个合作社开展技术、营销以及合作思想等方面培训的规模也仅为 31.54 人次①。二是农民自组织发展不充分。改革开放以来，农村居民在分散化经营格局的长期影响下，早已习惯于通过自身努力来改变生产和生活条件，借助组织特别是农民自组织力量提高人力资本存量的愿望和动力严重不足。与之相伴的是，以家庭利益为中心的思维模式，使得具备一定生产和生活专长的农村居民，在缺乏足够外力刺激的条件下，并不愿费时费力地牵头创建农民自组织，农民通过自组织获取知识、经验、信息和技术的渠道严重梗阻。三是农村产业技术推广组织功能缺位。近年来，农业技术推广工作日益受到地方政府的高度重视，但是由于早期形成的农技推广体系在组织管理体制、运行机制以及推广模式方面与现代农业发展趋势之间存在诸多不适应性②，导致农户对农业科技服务的满意度评价普遍较低③④，农业科研院所、涉农企业以及新型农业经营主体也普遍缺位，严重弱化了其"武装农民"的基本功能，掌握先进农业科学技术的新型职业农民非常稀缺。现实中，农产品质量安全问题、农业面源污染问题的治理长期无法取得重大突破就是典型例证。

第三，从职业迁移劳动力的视角看，农民工人力资本的提升仍然面临重重困难。有官方数据显示：2009 年全部农民工中，接受过农业技能培训的占比为 9.5%，接受过非农职业技能培训的占比为 30.6%，农业和非农职业技能培训均参与过的占比仅为 7.1%⑤；2017 年全部农民工中，接受过农业技术培训的占比为 10.5%，接受过非农职业技能培训的占比为

26.2％，农业技术培训和非农职业技能培训均未参与的占比高达68.8％①。由此可见，非农化的职业转换过程，对提升农民人力资本水平的作用并不显著，用人单位对农民工个人发展能力提升的贡献非常有限。这一结论从外出农民工享受社会保险待遇角度也同样可以得到验证：有数据显示，2009 年雇主或单位为农民工缴纳养老保险、工伤保险、医疗保险、失业保险和生育保险的比例非常低，分别只有 7.6％、21.8％、12.2％、3.9％和 2.3％②；2014 年外出农民工上述"五险"参保率分别仅为 16.4％、29.7％、18.2％、9.8％和 7.1％，尽管同 2009 年相比均有不同程度的提高，但总体上仍然处于非常低的水平③。

第二节　农民个人发展能力的培育策略

一、以培育新型职业农民、鼓励返乡创业和乡城迁移为抓手，激发农民人力资本积累的主体意识

一是在农业现代化人才需求缺口巨大、乡村振兴加速推进的时代背景和历史趋势下，加快新型职业农民培育步伐。具体可考虑全面建立职业农民制度，引入农地规模化经营的职业准入制度和政策性奖补制度，以其为突破口，调动农民特别是青年农民树立现代农业理念、学习现代农业技术的主动性和自觉性。与此同时，以全面落实《中共中央国务院关于实施乡村振兴战略的意见》、《国家职业教育改革实施方案》、历年中央 1 号文件精神为契机，加大农业农村职业教育资源优先供给力度，快速完善农村职业教育体系，提高农民职业教育的可获得性和可应用性，使农民可以通过"半耕半读"模式就近就地接受先进技术技能培训。另外，利用各类政策杠杆，充分动员涉农高校、科研院所、龙头企业以及各类社会组织，面向

---

① 数据来源：国家统计局.2017 年农民工监测调查报告［DB/OL］. http：//www. stats. gov. cn/tjsj/zxfb/201804/t20180427 _ 1596389. html.

② 数据来源：国家统计局.2009 年农民工监测调查报告［DB/OL］. http：//www. stats. gov. cn/ztjc/ztfx/fxbg/201003/t20100319 _ 16135. html.

③ 数据来源：国家统计局.2014 年全国农民工监测调查报告［DB/OL］. http：//www. stats. gov. cn/tjsj/zxfb/201504/t20150429 _ 797821. html.

农民对于美好生活的需要，以便利农民学习为基本原则，主动走进田间地头、农户宅院，围绕文化体育医疗活动经验、现代生活技巧、先进生产经营技术、实用生态保护技术、国家和地方农业农村政策等农民高度关注的主题，开展内容丰富、形式灵活的培训活动。

二是在鼓励农村籍大学毕业生和农民工返乡创业过程中，论证并建立"农业农村优秀返乡技术人才"高规格激励和支持机制。具体可考虑协调财政、金融、工商、税务、乡镇力量，通过返乡创业计划综合评价与返乡创业相关技术技能综合评价相结合的方式，对具有返乡创业意愿的农村籍大学生和外出农民工进行联合考核，并依考核结果对其中的优秀人才给予高规格的政策支持，以此引导农村籍大学生和外出农民工加大涉农涉村现代化生产经营知识、信息、技术技能的自我培育力度。类似地，上述机制也可用于外出农民工举家迁居城市的激励过程，对于自觉参与各类技术技能培训和社区活动且表现优秀者，可以在子女入学、社保关系办理、自主创业等各方面给予优先考虑和政策支持，借此在强化农民工自我发展意愿、提高农民工创收能力的同时，为城市培养潜在的产业发展实用人才队伍。

二、"增收"和"减支"多措并举，提升农民人力资本积累的自我支付能力

一般来说，受绝对收入和相对收入较低的影响，在保障家庭基本生活开支（也即"生存性支出"）的基础上，农民通常会在预防性动机比较强烈的情况下，尽可能地降低或延缓用于人力资本积累的发展性支出。为此，从"增收"和"减支"两个方向上同时发力，应该成为缩小城乡居民收入差距，解决农民人力资本积累自我支付能力不足难题的核心思路。

一方面，千方百计为农民"增收"创造条件。一是保持农村脱贫攻坚成果和相关政策的稳定性、连续性，确保脱贫群体不返贫、低收入群体不因意外因素影响而致贫。二是进一步加大农村集体经济和新型农业经营主体的扶持力度，引导农民以土地承包经营权、资金、劳动力入股方式或土地适度集中统一经营等方式，通过走集体化道路或合作经营道路，实现与大市场的有效对接，显著提高工资性收入、经营净收入和财产净收入水

平。三是合理提高农民城乡基本养老保险和农村医疗保险给付标准，适度增加农民转移性收入水平。

另一方面，着力拓展农民"减支"空间。一是采取组织化策略，引导农民专业合作组织、农业产业化龙头企业、农业生产托管服务组织，利用规模经济优势和强大的市场力量，在农业生产链条的各个环节，为农民节约生产性成本支出创造便利条件。二是通过加大财政奖补力度等途径，引导城乡优势资源汇聚农村，加快发展农村普惠性养老、医疗、幼儿园和中小学教育，低成本消除农户民生焦虑。三是不断完善村居基础设施、优化公益性基本服务，开通农民生活服务就地办理便捷通道，有效压缩农户生活日常支出。

三、城乡社会主体多元协同，系统推动农民现代化转型

作为嵌入社会发展进程之中的独立个体，农民个人发展能力的形成和提升，是农户和社会协同努力的结果，任何一方力量的不足，均会成为制约农民个人发展的短板。目前，我国经济社会发展处于高速转型时期，农民单纯依靠个人或家庭力量，越来越难以完成由传统农民向现代化农民或现代化市民的转型任务，亟须城乡各类产业和社会组织外部"赋能"。具体来说，除了我们已经提出的优化农村基本公共服务供给、加快发展农村集体经济、加大新型农业经营主体服务力度之外，至少还应在下述三个方面实现突破：

一是积极鼓励和支持农民自组织发展。在遴选农村各类优秀人才的前提下，通过村集体和各级财政资金的引导，鼓励优秀农民在乡村内部牵头组建类型多样的、吸引能力较强的自我组织，在各方人力、物力和财力的支持下，发动农民进行广泛的自我培养，带动农民实现基本公民素质与能力、经济参与素质与能力的双重提升。

二是加快构建农业农村知识更新体系。以原有农技推广体系为基础，以促进农民生产生活知识（包含思想观念、科学与文化常识、生产和经营技术、宏观经济社会发展动态、各类实用信息等）的适应性更新为目标，整合各类社会相关主体力量，充实农民、鼓舞农民，增强其发展后劲。

三是切实保障和提升农民工发展权益。在高度关注、全面保障农民工

工作权益和生存权益的同时，灵活应用各类政策性工具，鼓励城镇用工单位显著改善农民工保险待遇，合理加大农民工非农业技能培训力度，使其在劳动生产率不断提高的同时，能够形成高水平的城镇就业能力、定居能力和发展能力。当然，政府相关部门、工会、行业协会和其他社会团体，也应承担起类似职责，在就业服务、维权、普惠制培训等方面不断将工作领域向农民工群体延伸。另外，高度关注农民工城镇融入问题，通过用工单位、社区、教科文卫组织的紧密合作，吸引农民工更为广泛而深入地参与城镇社区活动，以此不断丰富农民工的业余生活，改善农民工的社会资本状况，加快农民工与城镇居民的互动融合，显著提高其城镇定居能力。

第三节　本章小结

农民个人发展能力的强弱，既在相当大程度上决定着农业农村的现代化进程，也在一定程度上影响着城乡二元结构的转型成效。本章理论分析揭示了农民个人发展能力培育过程中所面临三大难题：第一，农民人力资本积累的主体意识薄弱；第二，农民人力资本积累的自我支付能力不足；第三，社会支持严重缺失。在此基础上，提出了三方面应对策略：第一，以培育新型职业农民、鼓励返乡创业和乡城迁移为抓手，激发农民人力资本积累的主体意识；第二，"增收"和"减支"多措并举，提升农民人力资本积累的自我支付能力；第三，城乡社会主体多元协同，系统推动农民现代化转型。

参考文献
REFERENCES

阿玛蒂亚·森.2002. 以自由看待发展 [M]. 任赜，于真，译. 北京：中国人民大学出版社.

埃莉诺·奥斯特罗姆.2000. 公共事物的治理之道——集体行动制度的演进 [M]. 于逊达，陈旭东，译. 上海：上海三联书店.

柏培文，杨志才.2019. 中国二元经济的要素错配与收入分配格局 [J]. 经济学（季刊）（2）：639-660.

本报评论员.2018. 改善农村环境　建设美丽乡村 [N]. 光明日报，02-06.

蔡昉.1990. 中国二元经济与劳动力转移 [M]. 北京：人民大学出版社.

蔡继明，刘媛，刘畅畅.2020. 论走出"三农"困境的路径选择 [J]. 天津社会科学（1）：93-102.

蔡锐.2015. 竞争性国有企业自生能力及其形成机制探讨 [J]. 中国流通经济（5）：74-79.

曹红军，赵剑波.2008. 动态能力如何影响企业绩效——基于中国企业的实证研究 [J]. 南开管理评论（6）：54-65.

曾萍，廖明情，汪金爱.2020. 区域多元化抑或产品多元化？制度环境约束下民营企业核心能力构建与成长战略选择 [J]. 管理评论（1）：197-210.

陈迪平.2004. 对我国城乡二元社会结构的反思 [J]. 湖南社会科学（4）：62-64.

陈吉元.1991. 论中国农业剩余劳动力转移：农业现代化的必由之路 [M]. 北京：经济管理出版社.

陈军民.2008. 贫困地区农村自主发展能力研究 [J]. 广西农业科学（3）：409-412.

陈清泰，吴敬琏，谢伏瞻.1999. 国企改革攻坚15题 [M]. 北京：中国经济出版社.

陈作成，龚新蜀.2013. 西部地区自我发展能力的测度与实证分析 [J]. 西北人口（2）：110-115.

成德宁.2005. 论城市偏向与农村贫困 [J]. 武汉大学学报（哲学社会科学版）（2）：255-260.

程广斌，等 . 2014 西部地区自我发展能力——内容解构、评价模型与综合测评［J］. 工业技术经济（1）：123－129.

程开明 . 2008. 从城市偏向到城乡统筹发展——城市偏向政策影响城乡差距的 Panel Data 证据［J］. 经济学家（3）：28－36.

程名望 . 2007. 中国农村劳动力转移：机理、动因与障碍［D］. 上海：上海交通大学 .

楚成亚 . 2003. 二元社会结构与政治稳定［J］. 当代世界社会主义问题（4）：28－34.

楚向红 . 2019. 近几年来农村腐败呈现的新态势及其治理对策［J］. 中州学刊（2）：13－19.

大卫・李嘉图 . 2005. 政治经济学及赋税原理［M］. 周洁，译 . 北京：华夏出版社 .

道格拉斯・C・诺思，胡志敏 . 2004. 理解经济变迁的过程［J］. 经济社会体制比较（1）：1－7.

杜伟，张异香 . 2010. 城乡二元社会结构探析［J］. 山西财经大学学报（S2）：40－41，43.

范柏乃，马庆国 . 1998. 国际可持续发展理论综述［J］. 经济学动态（8）：65－68.

方福前，吕文慧 . 2009. 中国城镇居民福利水平影响因素分析——基于阿马蒂亚・森的能力方法和结构方程模型［J］. 管理世界（4）：17－26.

方珂，蒋卓余 . 2019. 生计风险、可行能力与贫困群体的能力建设——基于农业扶贫的三个案例［J］. 社会保障研究（1）：86－95.

方统法 . 2001. 企业核心能力及其识别［J］. 经济管理（20）：10－16.

冯道杰，程恩富 . 2018. 从"塘约经验"看乡村振兴战略的内生实施路径［J］. 中国社会科学院研究生院学报（1）：22－32.

弗朗索瓦・佩鲁 . 1987. 新发展观［M］. 张宁，丰子义，译 . 北京：华夏出版社 .

高帆，秦占欣 . 2003. 二元经济反差：一个新兴古典经济学的解释［J］. 经济科学（1）：97－103.

高帆 . 2005. 论二元经济结构的转化趋向［J］. 经济研究（9）：91－102.

高帆 . 2007. 交易效率、分工演进与二元经济结构转化［M］. 上海：上海三联书店 .

高帆 . 2007. 中国二元经济结构转化：轨迹、特征与效应［J］. 学习与探索（6）：123－130.

高帆 . 2012. 中国城乡二元经济结构转化：理论阐释与实证分析［M］. 上海：上海三联书店 .

高帆 . 2018. 新时代我国城乡差距的内涵转换及其政治经济学阐释［J］. 西北大学学报（哲学社会科学版）（4）：5－16.

高帆 . 2019. 从割裂到融合：中国城乡经济关系演变的政治经济学［M］. 上海：复旦大学

出版社.

高锡荣,柯俊.2016.基于能级跃迁的创新转型激发模型 [J].科技进步与对策 (3):
　　7-11.

高新才,王科.2008.主体功能区视角的贫困地区发展能力培育 [J].改革 (5):
　　144-149.

高懿德,肖龙航.2003.论当代中国社会结构转型对个人与社会发展的影响 [J].山东社
　　会科学 (2):48-51.

宫本憲一.1989.環境経済学 [M].東京:岩波書店.

谷慎,马敬彪,马翰墨.2015.中国城乡二元结构的转换途径——基于分工动态循环演进
　　的视角 [J].审计与经济研究 (1):83-92.

郭斌,蔡宁.2001.企业核心能力审计:指标体系与测度方法 [J].系统工程理论与实践
　　(9):7-15.

郭开元,张晓冰.2018.我国农村留守儿童权益保护及对策研究 [J].中国青年社会科学
　　(4):79-84.

郭书田,刘纯彬,等.1990.失衡的中国 [M].石家庄:河北人民出版社.

国家统计局国民经济综合统计司.2010.新中国 60 年统计资料汇编 [M].北京:中国统
　　计出版社.

国家统计局综合司.2007.从十六大到十七大经济社会发展回顾系列报告之一:大开放
　　大发展　大跨越 [DB/OL].http://www.stats.gov.cn/ztjc/ztfx/shfzhgxlbg/200709/
　　t20070918_60530.html.

国务院发展研究中心课题组.2002.中国经济的阶段性变化和面临的问题 [J].管理世界
　　(9):3-17.

何卫平.2013.空壳化背景下农村公共产品的供给困境及出路 [J].西华大学学报 (哲学
　　社会科学版)(4):92-95.

贺小刚,李新春,方海鹰.2006动态能力的测量与功效:基于中国经验的实证研究 [J].
　　管理世界 (3):94-103,113.

鹤见和子,川田侃.1989.内発的発展論 [M].東京:東京大學出版社.

胡家勇.1995.明特的经济发展理论 [J].经济学动态 (10):74-77.

胡家勇2003..转型经济学 [M].合肥:安徽人民出版社.

胡文显,孙毅杰.2006.制度变迁的非均衡性及其内生原因分析 [J].上海金融学院学报
　　(6):29-33.

黄江圳,董俊武.2007.动态能力的建立与演化机制研究 [J].科技管理研究 (8):
　　9-11.

霍利斯·钱纳里，谢尔曼·鲁滨逊，摩西·赛尔奎因 .2015. 工业化和经济增长的比较研究 [M]. 吴奇，王松宝，等，译 . 上海：格致出版社、上海三联书店、上海人民出版社.

蒋和平 .2007. 以建设现代农业为重点推进社会主义新农村建设 [J]. 农业科研经济管理 (4)：2 - 6.

蒋永甫，周磊 .2018. 改革开放 40 年来农村社会治理结构的演进与发展 [J]. 中州学刊 (10)：19 - 24.

揭筱纹，宋宝莉 .2007. 基于核心能力的适度多元化：企业成长与发展的方向 [J]. 经济学家 (1)：89 - 95.

康锋莉，区蕾，赖磊 .2015. 中国居民可行能力不平等的测算 [J]. 统计与决策 (21)：89 - 91.

柯炳生 .2008. 工业反哺农业的理论与实践研究 [M]. 北京：人民出版社.

蓝海涛，黄汉权 .2006. 新农村建设的国际经验与启示 [J]. 中国经贸导刊 (7)：18 - 20.

李恩，孙赫然 .2014. 农村土地适度规模经营现状及发展对策——以吉林省农安县陈家店村为例 [J]. 管理学刊 (2)：46 - 50.

李飞跃，林毅夫 .2011. 发展战略、自生能力与发展中国家经济制度扭曲 [J]. 南开经济研究 (5)：3 - 19.

李广 .2005. 我国农业扶持政策的选择与对策 [J]. 南开经济研究 (5)：217 - 220.

李红艳 .2020. 以扩展可行能力复苏村庄秩序——基于晋南某贫困村的案例分析 [J]. 中国农业大学学报（社会科学版）(5)：111 - 121.

李靖，刘圣中 .2016. "新三农"问题的表现、成因及解决对策 [J]. 理论导刊 (10)：70 - 75.

李强 .2004. 农民工与中国社会分层 [M]. 北京：社会文献出版社.

李盛刚，畅向丽 .2006. 西部民族地区农村自我发展问题研究 [J]. 甘肃社会科学 (6)：152 - 154.

李实，罗楚亮 .2007. 中国城乡居民收入差距的重新估计 [J]. 北京大学学报（哲学社会科学版）(2)：111 - 120.

李顺才，周智皎，邹珊刚 .1999. 企业核心能力：特征、构成及其发展策略 [J]. 科技进步与对策 (5)：89 - 90.

李文钰 .2011. 新形势下农民政治参与机制研究 [J]. 安徽农业科学 (36)：22799 - 22800，22825.

李晓红，郭蓉 .2013. "区域自我发展能力"的经济学界定及经验含义 [J]. 经济问题 (7)：14 - 18.

李晓红 . 2019. 区域发展能力概论 [M]. 北京：中国社会科学出版社.

李颖 . 2011. 中国二元经济结构：特征、演进及其调整 [J]. 农村经济 (9)：83 - 87.

李玉红，王皓 . 2020. 中国人口空心村与实心村空间分布——来自第三次农业普查行政村抽样的证据 [J]. 中国农村经济 (4)：124 - 144.

李豫新，张争妍 . 2013. 西部民族地区自我发展能力测评及影响因素分析 [J]. 广西民族研究 (3)：161 - 169.

李正中，韩智勇 . 2001. 企业核心竞争力：理论的起源及内涵 [J]. 经济理论与经济管理 (7)：54 - 56.

李周 . 2020. 乡村振兴战略下的现代农业发展 [J]. 东岳论丛 (3)：29 - 36.

厉敏萍，陈剑林 . 2010. 区域经济发展中的地方政府竞争与区域制度转型 [J]. 现代经济探讨 (9)：28 - 31.

廖国民，王永钦 . 2003. 论比较优势与自生能力的关系 [J]. 经济研究 (9)：32 - 39，48 - 93.

林晨 . 2018. 价格管制、要素流动限制与城乡二元经济——基于历史投入产出表的理论和实证研究 [J]. 农业经济问题 (5)：70 - 79.

林辉煌、贺雪峰 . 2016. 中国城乡二元结构：从"剥削型"到"保护型"[J]. 北京工业大学学报 (社会科学版) (12)：1 - 10.

林毅夫，蔡昉，李周 . 1994 对赶超战略的反思 [J]. 战略与管理 (6)：1 - 12.

林毅夫，刘培林 . 2001. 自生能力和国企改革 [J]. 经济研究 (9)：60 - 70.

林毅夫 . 2002. 自生能力、经济转型与新古典经济学的反思 [J]. 经济研究 (12)：15 - 24，90.

林毅夫 . 2018. 改革开放 40 年中国经济增长创造世界奇迹 [J]. 智慧中国 (10)：6 - 9.

刘成奎，龚萍 . 2014. 财政分权、地方政府城市偏向与城乡基本公共服务均等化 [J]. 广东财经大学学报 (4)：63 - 73.

刘纯彬 . 1988. 理顺城乡关系的关键是走出二元社会结构 [J]. 瞭望周刊 (24)：46.

刘迪，孙剑 . 2020. 动态能力如何影响中小型农产品电商企业绩效？[J]. 华中农业大学学报 (社会科学版) (5)：51 - 59，170 - 171.

刘海潮，李垣 . 2008. 竞争压力、战略变化、企业绩效间的结构关系——我国转型经济背景下的研究 [J]. 管理学报 (2)：282 - 287.

刘敏 . 1999. 社会发展理论的演变走向及其特征 [J]. 甘肃社会科学 (3)：53 - 57.

刘守英，王一鸽 . 2018. 从乡土中国到城乡中国——中国转型的乡村变迁视角 [J]. 管理世界，(10)：128 - 146，232.

刘伟，蔡志洲 . 2009. 全球经济衰退下的中国经济平稳较快增长 [J]. 理论前沿 (2)：5 -

8，13.

刘小平．1991. 二元社会结构需要改革 ［J］. 齐鲁学刊（3）：65-67.

刘晓萍．2020. 农村集体经营性建设用地入市制度研究 ［J］. 宏观经济研究（10）：137-144.

刘应杰．1996. 中国城乡关系演变的历史分析 ［J］. 当代中国史研究（2）：1-10.

刘元春．2003. 经济制度变革还是产业结构升级——论中国经济增长的核心源泉及其未来改革的重心 ［J］. 中国工业经济（9）：5-13.

刘志彪．2018. 均衡协调发展：新时代赶超战略的关键问题与政策取向 ［J］. 经济研究参考（60）：3-13，36.

龙静云．2019. 农民的发展能力与乡村美好生活——以乡村振兴为视角 ［J］. 湖南师范大学社会科学学报（6）：46-55.

龙竹．2003. 地方财政压力下的农村发展：问题、成因及对策 ［J］. 经济社会体制比较（6）：60-66.

卢现祥．2020. 为什么三农问题还是问题？［J］. 湖北社会科学（2）：65-73.

陆铭，陈钊．2004. 城市化、城市倾向的经济政策与城乡收入差距 ［J］. 经济研究（6）：50-58.

马克思，恩格斯．2012. 马克思恩格斯选集 ［M］. 第1卷北京：人民出版社.

马克思，恩格斯．2009. 马克思恩格斯文集 ［M］. 第2卷. 北京：人民出版社.

马克思，恩格斯．1972. 马克思恩格斯选集 ［M］. 第3卷. 北京：人民出版社.

马克思，恩格斯．1995. 马克思恩格斯全集 ［M］. 第4卷. 北京：人民出版社.

马克思，恩格斯．2008. 马克思恩格斯全集 ［M］. 第34卷. 北京：人民出版社.

马克思，恩格斯．2001. 马克思恩格斯全集 ［M］. 第44卷. 北京：人民出版社.

马克思．2004. 资本论 ［M］. 第1卷. 北京：人民出版社.

马歇尔．2000. 经济学原理 ［M］. 朱攀峰，徐宏伟，译. 北京：北京出版社.

玛莎·C. 纳斯鲍姆．2016. 寻求有尊严的生活——正义的能力理论 ［M］. 田雷，译. 北京：中国人民大学出版社.

迈克尔P. 托达罗，斯蒂芬C. 史密斯．2014. 发展经济学（第11版）［M］. 聂巧平，程晶蓉，汪小雯，等，译. 北京：机械工业出版社.

迈克尔·P·托达罗．1992. 经济发展与第三世界 ［M］. 印金强，赵荣美，译. 北京：中国经济出版社.

迈克尔·波特．1990. 竞争战略 ［M］陈小悦，译. 北京：华夏出版社.

曼瑟尔·奥尔森．2011. 集体行动的逻辑 ［M］. 陈郁，郭宇峰，李崇新，译. 上海：格致出版社，上海三联书店，上海人民出版社.

孟晓斌，王重鸣，杨建锋 . 2007. 企业动态能力理论模型研究综述 [J]. 外国经济与管理
（10）：9 - 16.

农业部农村经济体制与经营管理司，农村合作经济经营管理总站 . 2016. 全国农村经营管
理统计年报（2015 年）[M]. 北京：中国农业出版社：98.

农业农村部政策与改革司 . 2020. 2019 年中国农村政策与改革统计年鉴 [M]. 北京：中国
农业出版社.

彭超，张琛 . 2019. 农村集体经济组织"家底"基线调查及启示 [J]. 农村金融研究（8）：
51 - 55.

皮建才 . 2005. 企业理论的进展：交易成本与自生能力 [J]. 经济社会体制比较（2）：
130 - 137.

冉光和，张林，田庆刚 . 2014. 城乡统筹进程中农村空心化形成机理、现状与治理——基
于重庆市 54 个村 1236 户农户的调查 [J]. 农村经济（5）：3 - 8.

塞缪尔·P. 亨廷顿 . 变化社会中的政治秩序 [M]. 王冠华，刘为，等，译 . 上海：上海
人民出版社，2008.

瑟尔沃 . 2001. 增长与发展（第六版）[M]. 郭熙保，译 . 北京：中国财政经济出版社.

邵光学 . 2020. 新中国 70 年农村生态文明建设：成就、挑战与展望 [J]. 当代经济管理
（4）：1 - 10.

石艳 . 2013. 我国区域教育差距对收入差距影响的实证研究 [D]. 苏州：苏州大学.

石智雷 . 2013. 迁移劳动力的能力发展与融入城市的多维分析 [J]. 中国人口·资源与环
境（1）：89 - 96.

史中翮 . 2009. 中国农村公共物品供求失衡问题及对策 [D]. 长春：吉林大学.

束姗 . 2012. 中国城市商业银行与地方经济发展研究——以徽商银行为例 [J]. 金融经济
（24）：113 - 114.

苏基才 . 2007. 激发与再造农村自生能力是新农村建设的前提条件 [J]. 南方农村（6）
24 - 28.

苏明 . 1991. 国家与农民分配关系的历史考察 [J]. 中国农村经济（4）：16 - 20.

孙根紧 . 2013. 中国西部地区自我发展能力及其构建研究 [D]. 成都：西南财经大学.

孙强强，姚锐敏 . 2020. 家户本位、公共可行能力与有效乡村治理 [J]. 甘肃社会科学
（6）：64 - 70.

唐奇甜 . 1990. 增强民族地区自我发展能力的若干思考 [J]. 中南民族学院学报（哲学社
会科学版）（2）：1 - 6.

唐寿春，李善民 . 1988. 论中国二元经济结构的历史成因与现实转换 [J]. 经济问题
（11）：2 - 7.

田北海，徐杨.2020.可行能力视角下家庭支出型贫困的致贫机理及其治理——基于湖北省四个县（市）的调查［J］.社会保障研究（4）：84-92.

田官平，张登巧.2001.增强民族地区自我发展能力的探讨——兼对湘鄂渝黔边民族地区发展的思考［J］.吉首大学学报（社会科学版）（2）：7-11，15.

涂文涛.2001.对人民公社化的理论与实践的反思［J］.毛泽东思想研究（3）：113-114.

汪海霞.2015.贫困地区自我发展能力研究——以新疆为例［M］.北京：经济管理出版社.

王成礼，薛峰.2018.城乡二元社会解构与乡村振兴的耦合［J］.河南社会科学（6）：13-18.

王翠芳.2007.试探新农村建设中城乡基本公共服务均等化问题［J］.经济问题（5）：82-84.

王国平.2010.我国三重二元结构探源与治理路径［J］.毛泽东邓小平理论研究（5）：52-57，78，86.

王海军，张茆.2010.中国二元经济结构演变与经济增长的实证分析［J］.经济与管理（5）：5-10.

王检贵.2002.劳动与资本双重过剩下的经济发展［M］.上海：上海三联书店、上海人民出版社.

王景新.2013.村域集体经济历史变迁与现实发展［M］.北京：中国社会科学出版社.

王科.2008.中国贫困地区自我发展能力解构与培育——基于主体功能区的新视角［J］.甘肃社会科学（3）：100-103.

王立胜.2020.以县为单位整体推进：乡村振兴战略的方法论［J］.中国浦东干部学院学报（4）：119-126.

王颂吉，白永秀.2013.城乡要素错配与中国二元经济结构转化滞后：理论与实证研究［J］.中国工业经济（7）：31-43.

王颂吉.2014.中国城乡双重二元结构研究［D］.西安：西北大学.

王修华，任静远，王毅鹏.2019.基于贫困户可行能力不足的扶贫困境与破解思路［J］.农村经济（5）：60-67.

王艳，淳悦峻.2014.城镇化进程中农村优秀传统文化保护与开发问题刍议［J］.山东社会科学（6）：103-106.

魏后凯.闫坤.2017.中国农村发展报告（2017）：以全面深化改革激发农村发展新动能［M］.中国社会科学出版社：16.

文峰.2008.制度变迁与中国二元经济结构转换研究［M］.北京：经济科学出版社.

吴帆，李建民.2012.家庭发展能力建设的政策路径分析［J］.人口研究（4）：37-44.

吴孔凡 . 2008. 新时期农民公共需求的特点与农村公共服务供给的取向 ［J］. 经济研究参考（69）：29 - 32，52.

吴清扬，姜磊 . 2021. 工业企业自生能力与存活时间：基于新结构经济学视角 ［J］. 经济评论（4）：96 - 113.

武小龙，刘祖云 . 2013. 城乡差距的形成及其治理逻辑：理论分析与实证检验——基于城市偏向理论的视角 ［J］. 江西财经大学学报（4）：78 - 86.

西奥多·W·舒尔茨 . 2010. 改造传统农业 ［M］. 梁小民，译 . 北京：商务印书馆.

西川潤 . 1989. 内発の発展論の起源と今日の意義 ［A］// 鶴見和子·川田侃編 . 内発の発展論 ［C］. 東京：東京大学出版会.

习近平 . 2013. 关于《中共中央关于全面深化改革若干重大问题的决定》的说明 ［J］. 求是（22）：19 - 27.

夏杰长，张晓兵 . 2013. 生产性服务业推动制造业升级战略意义、实现路径与政策措施 ［J］. 中国社会科学院研究生院学报（2）：20 - 25.

夏绪梅 . 2004. 二元经济结构下的城乡居民收入消费水平的区域差异分析 ［J］. 西北大学学报（哲学社会科学版）（5）：40 - 44.

项继权，周长友 . 2017. "新三农" 问题的演变与政策选择 ［J］. 中国农村经济（10）：13 - 25.

谢芬 . 2019. 新时代中国 "三农" 问题演变及破解思路 ［J］. 农村经济（6）：15 - 21.

谢海军 . 2017. 全面建成小康社会中生存型与发展型矛盾的特征及治理之道 ［J］. 理论导刊（9）：26 - 31.

谢培秀 . 2008. 城乡要素流动和中国二元经济结构转换 ［M］. 北京：中国经济出版社.

徐丽敏 . 2015. 农民工随迁子女社会融入的能力建设——基于森 "可行能力" 视角 ［J］. 学术论坛（5）：78 - 84.

徐世江 . 2012. 中国二元经济结构转换与宏观经济政策调整 ［J］. 鞍山师范学院学报（3）：14 - 16.

徐世江 . 2014. 农业转移人口市民化的多重矛盾及其破解思路 ［J］. 辽宁大学学报（哲学社会科学版）（3）：25 - 32.

徐世江 . 2021. 空心村滞后发展的自强化机制及其破解路径——自生发展能力视角的解读 ［J］. 农业经济（3）：34 - 36.

徐孝勇，曾恒源 . 2019. 中国 14 个集中连片特困地区县域自我发展能力测度与乡村振兴战略瞄准研究 ［J］. 农林经济管理学报（5）：684 - 692.

亚当·斯密 . 1972. 国民财富的性质和原因的研究（上卷）［M］. 郭大力，王亚南，译 . 北京：商务印书馆.

亚当·斯密.1974.国民财富的性质和原因的研究（下卷）[M].郭大力，王亚南，译.北京：商务印书馆.

亚里士多德.2003.尼各马可伦理学[M].廖申白，译.北京：商务印书馆.

闫磊，姜安印.2011.区域自我发展能力的内涵和实现基础——空间管制下区域自我发展能力研究[J].甘肃社会科学（2）：213-216.

杨锐，胡宇杰，李萍.2009.群体路径、自生能力演化与路径创造——宁波传统产业与苏州IT产业集群比较研究[J].科学发展（3）：70-79.

杨束芳，包桂英.2009.农村改革发展的关键——十七届三中全会视野下的农村党组织能力建设探究[J].前沿（10）：99-102.

姚先国，郭继强.1996.经济转型中的利益协调与利益补偿[J].浙江学刊（5）：60-64.

伊特韦尔等.1996.新帕尔格雷夫经济学大辞典（第1卷）[M].北京：经济科学出版社.

尹奇，马璐璐，王庆日.2010.基于森的功能和能力福利理论的失地农民福利水平评价[J].中国土地科学（7）：41-46.

于洋.2002.经济转轨——中国的理论与实践[M].北京：中国财政经济出版社.

余臻峥.2007.和谐社会视角下我国农民政治参与现状、原因及对策[J].消费导刊（13）：235-156.

鱼小强.2002.对增强西部地区自我发展能力的思考[J].商洛师范专科学校学报（3）：11-14.

袁方，史清华.2013.不平等之再检验：可行能力和收入不平等与农民工福利[J].管理世界（10）：49-61.

袁建华，高露.农村公共服务优先序研究述评与思考——基于农户满意度与需求度二维视角[J].山东农业大学学报（社会科学版），2016（1）：15-20，125.

约瑟夫·熊彼特.1990.经济发展理论[M].何畏，易家祥，译.北京：商务印书馆.

臧敦刚，李后建.2016.破解企业核心能力悖论：以企业家精神导向和市场导向的视角[J].华东经济管理（3）：122-130.

张登巧.1999.发展市场经济与增强人的主体意识[J].西南师范大学学报（哲学社会科学版）（3）：54-57.

张广胜，等.2016.可行能力与农民工的福利状况评价[J].华南农业大学学报（社会科学版）（4）：65-75.

张桂文，周健，等.2021.制度变迁视角下的中国二元经济转型[M].北京：社会科学文献出版社.

张桂文.2001.中国二元经济结构转换研究[M].北京：经济科学出版社.

张桂文.2011.中国二元经济结构转换的政治经济学分析[M].北京：经济科学出版社.

张环宙，黄超超，周永广. 2007. 内生式发展模式研究综述［J］. 浙江大学学报（人文社会科学版）（2）：61-68.

张杰，张珂，赵峰. 2019. 农业劳动力转移性流失、耕地抛荒与"柔性"政策选择研究［J］. 新疆社会科学（6）：131-140，159.

张凯. 2012. 我国城市商业银行与地方经济发展关系研究——以徽商银行为例［J］. 郑州航空工业管理学院学报（4）：141-144.

张牧扬. 2013. 晋升锦标赛下的地方官员与财政支出结构［J］. 世界经济文汇（1）：86-103.

张玮祎. 2013. 人的全面发展理论的内涵及其实现途径［J］. 学理论（21）：53-54.

张文明，腾艳华. 2013. 新型城镇化：农村内生发展的理论解读［J］. 华东师范大学学报（哲学社会科学版）（6）：86-92，151.

张志强，高丹桂. 2008. 论土地要素流动对二元经济结构转换的影响：一个土地、劳动力要素流动的二元经济模型［J］. 农村经济（10）：23-24.

赵丽欣. 2002. 城乡二元社会结构下农民弱势状况分析［J］. 河北师范大学学报（哲学社会科学版）（6）：14-17.

赵显洲. 2010. 中国农业剩余劳动力转移问题研究—以产业结构变动为主线［M］. 北京：经济科学出版社.

赵晓力. 2012. 论全国人大代表的构成［M］. 中外法学（5）：973-989.

赵秀君，高进云. 2019. 被征地农民福利水平影响因素差异分析——基于 Sen 的可行能力理论和结构方程模型［J］. 天津农业科学（1）：65-71.

郑阳阳，王丽明. 2020. 土地流转中为什么会形成大量小农复制［J］. 西北农林科技大学学报（社会科学版）（4）：90-98.

郑长德. 2011. 中国民族地区自我发展能力构建研究［J］. 民族研究，（4）：15-24，107.

中共中央文史研究室编. 2004. 邓小平年谱（下）［M］. 北京：中央文献出版社.

中共中央组织部组织二局. 2018. 发展壮大村级集体经济［M］. 北京：党建读物出版社：106-111.

钟宁，赵连章. 2013. 城乡社会结构变化与社会不稳定的内生性原因［J］. 东北师大学报（哲学社会科学版）（6）：16-19.

周海林，黄晶. 1999. 可持续发展能力建设的理论分析与重构［J］. 中国人口·资源与环境（3）：22-26.

周黎安. 2007. 中国地方官员的晋升锦标赛模式研究［J］. 经济研究（7）：36-50.

周丽萍. 2013. 基于产业结构演进的农业剩余劳动力转移与就业研究［M］. 北京：中国农业出版社.

朱建民，施梦 . 2016. 企业自生能力评价体系的构建与实证研究［J］. 科技管理研究
（17）：66 - 71.

朱军，寇方超，宋成校 . 2019. 中国城市财政压力的实证评估与空间分布特征［J］. 财贸
经济（12）：20 - 34.

朱有志，等 . 2013. 中国新型农村集体经济研究［M］. 长沙：湖南人民出版社.

祝仲坤，等 . 2020. 可行能力框架下进城农民工福利水平测度［J］. 城市问题（6）：
73 - 82.

Alfredo Tolón-Becerra，Xavier Lastra-Bravo，Emilio Galdeano-Gómez. 2010. Planning and
Neo-endogenous Model for Sustainable Development in Spanish Rural Areas［J］. Inter-
national Journal of Sustainable Society，2（2）：156 - 176.

Andress，Kenneth R. 1980. The Concept of Corporate Strategy［M］. Revised Edition,
Richard D. Irvin, Inc.，Homewood，Illinois.

Atterton J，Thompson N. 2010. University Engagement in Rural Development：A Case
Study of the Northern Rural Network［J］. Journal of Rural Community Development
（3）：123 - 132.

Christopher Ray. 2015. Culture Economies：A Perspective on Local Development in Europe
［EB/OL］. https：//www. doc88. com/p-9072354715280. html.

David J. Teece，Gary Pisano，Amy Shuen. 1997. Dynamic capabilities and Strategic Manage-
ment［J］. Strategic Management Journal，18（7）：509 - 533.

Garofoli G. 1992. Endogenous Development and Southern Europe［M］. The Netherlands：
BDU，Barneveld.

Gorlach T A. 2007. Neo-endogenous Development and the Revalidation of Local Knowledge
［J］. Polish Review（160）：481 - 497.

Gustav Ranis，John C. H. Fei. 1961. A theory of economic development［J］. The American
Economic Review，51（4）：533 - 565.

Jan Douwe van der Ploeg，Ann Long. 1994. . Born from Within：Practice and Perspectives
of Endogenous Rural Development［M］. Van Gorcum，Assen，The Netherlands.

Jorgenson，D. W. 1967. Surplus Agricultural Labor and the Development of a Dual Economy
［J］. Oxford Economic Papers（19）.

Lewis W. A. 1954. Economic Development with Unlimited Supplies of Labour［J］. The
Manchester School，22（2）：139 - 191.

Linstone H A. 1979. Another Development：Approaches and Strategies［J］. Technological
Forecasting and Social Change，13（1）：95 - 96.

Lipton, M. 1977. Why Poor People Stay Poor: A Study of Urban Bias in World Development [M]. London: Temple Smith.

Maskell P, et al. 1998. Competitiveness, Localized Learning and Regional Development [M]. London: Routledge.

Maskell, P., Eskelinen, H., & Hannibalsson, I. 1998. Competitiveness, Localized Learning and Regional Development: Specialization and Prosperity in Small Open Economies [M]. London: Routledge.

Michael P. Todaro. 1969. A Model of Labor Migration and Urban Unemployment in Less Developed Countries [J]. The American Economic Review (1): 138-148.

Paul Patrick Streeten. 1997. Thinking about Development (New Edition) [M]. Cambridge University Press.

Penrose, E. T. 1959. The theory of the growth of the firm [M]. New York: Oxford University Press.

Praharad C. K, Hamel Gary. 1990. The Core Competence of the Corporation [J]. Harvard Business Review, May-June: 79-91.

Rai, A. 2014. Rural Sociology and Development [M]. Kathmandu: Kasthamandap Pustak Ghar.

Richardson, G. B. 1972. The Organization of Industry [J]. Economic Journal (82): 883-896.

Ron Martin, Peter Sunley. 1998. Slow Convergence? The New Endogenous Growth Theory and Regional Development [J]. Economic Geography, 74 (3): 201-227.

Teece David, Pisano Gary. 1994. The Dynamic Capabilities of Firm: an Introduction [J]. Industrial and Corporate Change (3): 537-556.